Das Kohl- und Pinkel-Buch

EDITION TEMMEN

Das Kohl- und Pinkel-Buch

EDITION TEMMEN

Kohl-Geschichten

Alles, was ein Kohl braucht

Wie bereite ich eine Kohl- und Pinkelfahrt vor?

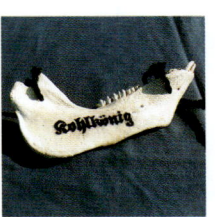

Routen durchs Kohl- und Pinkelland

Rezepte

Kohl-Geschichten

**Kleine Kulturgeschichte eines interessanten Gemüses:
Warum die Griechen den Kohl verehrten, der Papst den Germanen die
Völlerei vergraulen wollte, warum Kohl besonders im Winter ein überaus gesundes Gemüse ist, woher der Kohl kommt und wie die Oldenburger, Friesen, Niedersachsen und Bremer die Kohlsaison feiern.**

Kohl-Geschichten
Woher kommt der Kohl?

Jeden Winter streiten sie sich wieder, allen voran die Bremer und Oldenburger, gefolgt von den Friesen, Hannoveranern und Braunschweigern. Es geht um die Herkunft und Farbe des Grünkohls. Während die Bremer behaupten, der Grünkohl sei in Wirklichkeit ein Braunkohl, meinen die Oldenburger, dies sei alles Unsinn. Die »Oldenburger Palme« sei grün, das sähe doch wohl jeder. Und wenn es darum geht, wessen »Nationalgericht« der Grün- oder Braunkohl denn nun sei, sind sich plötzlich alle einig: selbstverständlich »ihres«.

Dabei ist das Wissen um die Delikatesse Grünkohl bedeutend älter als dieser norddeutsche Streit. Den leicht erregbaren Göttern des Olymps haben wir es nämlich zu verdanken, dass wir in der kalten Jahreszeit Grünkohl essen können. In den Mythen heißt es, Prinz Lykurgos habe sich in dunkler Urzeit mit Dionysos angelegt. Der Gott war so erbost, dass er den armen Lykurgos blenden und zerreißen ließ. Aus den bitteren Tränen des Lykurgos sprossen die ersten Kohlpflanzen.

Jetzt sollte aber keinem der Kohl im Halse stecken bleiben, denn auch die Griechen ließen sich von der eher tragischen Herkunft des Kohls nicht den Appetit verderben. Im Gegenteil: Kohl war in der Antike ein weit verbreitetes Gemüse und die Griechen liebten ihn. Sie aßen ihn in rauen Mengen, weil er billig und zudem noch sehr nahrhaft war, alles Vorzüge, die bis heute gelten. Auch den Grünkohl kannten und schätzten die alten Griechen so sehr, dass sich sogar Philosophen ihre Gedanken über ihn machten. Bei Theophrast, einem Schüler des Aristoteles, wird der Grünkohl erstmals ausdrücklich erwähnt. Und in der systematischen Pflanzenkunde erhält der Kohl bald den klingenden Namen *Brassica oleracea acephala*.

Auch die Römer waren sich nicht zu schade, auf höchster politischer Ebene über das Thema »Kohl« nachzudenken. Konsul Cato, der sich in seinem Werk *De re rustica* eingehend mit landwirtschaftlichen Problemen beschäftigt, lobt die Kohlstaude in höchsten Tönen. Kohl, insbesondere Grünkohl, zählte in der römischen Küche zu den Delikatessen. Bauern, die ihn anbauten, brachten es nicht selten zu Wohlstand. Die Kohlvielfalt im alten Rom soll enorm gewesen sein. Züchter

6. Brassica oleracea L. = Kohl, dänisch Kaal (sprich Kohl), holländisch Kool, schwedisch kal. Die Abarten sind: a. acephala DE = Blätterkohl, Winterkohl. Man unterscheidet krusen Kohl und slichten Kohl (ungekräuselte Blätter), ferner blaustrunkten und wittstrunkten Kohl nach der Farbe. Der zu Futterzwecken angebaute slichte Kool mit dickem, markigen Strunk heißt in Oldenburg und in südlichen Landesteilen Dickstrunk oder Dickstrunkkool, auch wohl Deewholtschen Kool, weil er schon lange von Diepholz her eingeführt ist. Das Gegenteil ist der winterharte Dünnstrunkkohl, auch Kokool (Kuhkohl) genannt. Dieser schießt an den Seiten im Frühjahr leicht durch. Jener junge Kohl wird gern gegessen und heißt Sprudelkool oder Sprutenkool, Sprötenkool (Sprossenkohl), englisch sprouts (sprich sprauts), holländisch Sproetkool. Der Blätterkohl zum Essen heißt brunen Kool, grönen Kool, englisch greens (grihns). Brauner Kohl mit Pinkel (die fabelhaften Würste aus Grütze) ist berühmtes oldenburger Nationalgericht. Schnittkohl oder Schärkohl, niedrige zum Abschneiden gezüchtete Kohlart ohne Strunk. Jungfernkohl ist spätgesäter (gewöhnlich Mitte August) Kohl, der im nächsten Jahre noch nicht in Blüten schießt.

wetteiferten untereinander um die größten, prachtvollsten und farbenfrohesten Kohlsorten, um die verwöhnten Augen und Gaumen wohlhabender Bürger zu befriedigen.

Unsere direkten Vorfahren, die Germanen, haben uns leider nicht überliefert, ob sie den Grünkohl bereits kannten. Darum wissen wir auch nicht, wann und wo der Kohl zum ersten Mal in unseren nördlichen Breitengraden aufgetaucht ist. Kein Wunder, dass die meisten Kohlexperten der Meinung sind, der Kohl käme ursprünglich aus dem Mittelmeerraum. In der neueren Kohlforschung setzte sich allerdings langsam die Ansicht durch, dass Kohl, und hier vor allem der Grünkohl, in den nördlichen Küstenregionen seine Wiege stehen hat. Schließlich gedeiht er in unserem kühlen und feuchten Klima am besten. Botaniker weisen außerdem darauf hin, dass der Weiße Meerkohl (Crambe

Aus einem Lexikon des 19. Jahrhunderts

maritima), eine Wildform unseres kultivierten Kohls, in den nördlichen Küstenregionen von Dänemark bis hin zum Atlantik zu Hause ist. Der Meerkohl ist essbar und wird hier und da noch angebaut. Eine gewisse Ähnlichkeit mit dem Grünkohl ist dem Wildgemüse nicht abzusprechen. Grünkohl kommt diesem Urkohl am nächsten. Er ist ebenfalls ein Blattkohl und stammt aus der Familie der Kreuzblütler.

Kohl gibt es heute aber nicht nur in Norddeutschland. In Afrika wächst ebenfalls eine Art Blattkohl. Und auch in den Südstaaten der USA, in Portugal, Dänemark und Schottland liebt man Grünkohl über alles. Unter dem Strich können wir sagen, dass Grünkohl fast überall auf der Welt anzutreffen ist, in verschiedensten Klimazonen gedeiht und die Gaumen vieler Nationen erfreut.

Heimatverbundene Grünkohlesser sollten allerdings nicht traurig sein, denn die Art und Weise, wie das Kohlgericht hier zu Lande zelebriert wird, ist einzigartig. Und welchem echten Kohlgänger würde schon Grünkohl mit Pinkel unter der heißen texanischen Sonne oder am Strand von Portugal schmecken?

Mit Grünkohl über den Winter

Wenden wir uns wieder dem norddeutschen Grünkohlgewächs zu. Unsere *Brassica oleracea acephala* ist eine Kohlsorte, die hier zu Lande schon immer besonders hoch geschätzt wurde. Die Gründe liegen auf der Hand: Die Pflanze ist sehr genügsam und gedeiht auch auf mageren Böden. Dass Grünkohl das norddeutsche Wetter mag, wurde schon erwähnt. Zudem ist er ein Winterkohl. Vor der Erfindung der Konservendose ernährte man sich in den kargen Wintermonaten u.a. von den Blättern der Kohlstaude, während die Strünke an das Vieh verfüttert wurden. Grünkohl brauchte weder konserviert noch irgendwo gelagert zu werden, er blieb auch bei strengem Frost einfach auf dem Feld stehen und konnte immer frisch geerntet werden. Der Frost tut dem Kohl sogar gut. Er verliert sowohl den bitteren Geschmack als auch sein Ungeziefer. Kein Wunder also, dass Grünkohl für Volk und Vieh neben der Kartoffel in unseren Breitengraden zum Winternahrungsmittel schlechthin wurde.

Wohl jede Familie, die ein Stück Land besaß, baute für den Winter Grünkohl an. Die Bremer Kohlhökerstraße hat ihren Namen von den

Das Kohlmärchen im Internet

Also, dieses Märchen über den Braunkohl im Norden Deutschlands beginnt damit, dass Fischer während der Winterstürme hinter ihren Kachelöfen hockten, über ihre Fahrten um das Kap Hoorn klönten und Braunkohl aßen – gedacht als Unterlage für den Kümmel, den sie in sich hineinschütteten, um gegen die Kälte gerüstet zu sein.

So jedenfalls stellt sich das Internet die Geschichte vor, ohne daran zu denken, dass die Fischer vor vielen, vielen hundert Jahren keine Kachelöfen in ihrer guten Stube stehen hatten. Sie saßen, wenn überhaupt, am offenen Feuer. Und von den Stürmen am Kap Hoorn hatten sie nicht die geringste Ahnung. Ihre Fanggründe lagen in den Flüssen Oder, Elbe, Weser, Ems, bestenfalls in den dazugehörenden Flussmündungen oder vor den Inseln.

»Der Grünkohl«, so heißt es im Internet, »kommt ursprünglich aus dem Atlasgebirge in Nordafrika und galt bei den Berbern als fieses Unkraut. Um die Jahre 800–900 n. Chr. besuchten die Wikinger auf einer ihrer Mittelmeer-Kreuzfahrten auch die Berber. Sie schwängerten nicht nur die Töchter des Landes, sondern klauten, wie damals üblich, auch alles, was nicht niet- und nagelfest war. Dabei packten sie auch einen Korb voll Grünkohl mit Wurzelwerk ein, um damit die heimischen Gärten zu schmücken.«

Nun muss man dazu sagen, dass viele der 30 Arten Kohl gern im Mittelmeergebiet gegessen werden. Ob Braun- beziehungsweise Grünkohl darunter ist oder Rosenkohl oder Blumenkohl oder … ist nicht klar ersichtlich. Es ist aber wohl erwiesen, dass der Kohl schon zur Jungsteinzeit in Mitteleuropa ein verbreitetes Nahrungsmittel war. Die Jungsteinzeit geht bis ins 9. Jahrtausend v. Chr. zurück.

Und dass die Wikinger, vom 9. bis zum 11. Jahrhundert n. Chr. auch als Normannen bekannt und gefürchtet, einen Korb voll Grünkohl als Gartenschmuck mit nach Hause gebracht haben, das mag schon sein. Sie hätten sich den Kohl wahrscheinlich aber auch an der Weser holen können, wo sie sich zu jener Zeit ebenfalls unbeliebt machten.

Es ist im Internet die Rede von dem Schicksalsjahr 896 n. Chr., als Nordeuropa unter einer Hungersnot litt, wobei sich die Frage ergibt: Wann zwischen dem 8. und 10. Jahrhundert litten die Nordeuropäer nicht unter einer Hungersnot?

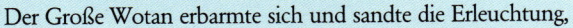

Aber – so heißt es im Internet – 896 »vernichtete der Kappes-Käfer die ganze Weißkohlernte in Nordeuropa«, und Weißkohl war »neben eingelegten Heringen, Pökelfleisch und Räucherwürsten die Hauptnahrung im langen Winter«.

Dann aber heißt es: »Die ersten Fröste zogen über Land und Meer, und die Not war so groß, dass die ersten Jungfrauen geopfert wurden, um Wotan gnädig zu stimmen.

Der Große Wotan erbarmte sich und sandte die Erleuchtung, dass man die fiesen Strünke ›Grünkohl‹ nach den ersten Nachtfrösten nicht nur essen, sondern – richtig zubereitet – herrlich genießen könne. Und so war's! Mit Speck, Schweinebacke und Grützwurst (Pinkel) zubereitet – dazu einen Klaren und ein kühles Pils zum Abkühlen – das bringt jeden Seemann aus der Koje.«

Wer's glaubt, mag's glauben. Wer's nicht glaubt, dem wird Kohl und Pinkel dennoch schmecken.

Am Schluss jedenfalls wird auf den Kohl-und-Pinkel-Orden verwiesen, der »an vielen nordischen Plätzen mit feierlichen Reden verliehen wird«.

Es ist – laut Internet – ein Orden, der »der Errettung der Vorfahren aus Not und Tod« gedenkt.

Sehen Sie, und dann wird Ihnen im Internet auch noch das Kohl- und das Pinkel-Rezept »Bremer Art« serviert:

»Das Fleisch und den Speck in Scheiben schneiden und mit dem Pinkel und dem Grünkohl in einer großen Schüssel anrichten. Dazu einen Klaren, einen Krug Bier und reichlich Senf – das ist der Himmel der Friesen. Da ist was dran!«

Auf diese Weise werden die Bremer und die Friesen in einen Topf geworfen, ausgezeichnet mit Fressorden, die an die »Errettung der Vorfahren« erinnern, versehen mit reichlich Senf ...

aus: Hermann Gutmann
Kohl- und Pinkelgeschichten,
Edition Temmen 2004

vielen kleinen Kohlgärten, die im 18. Jahrhundert in einem Ring um die Altstadt Bremens lagen und von denen aus der Kohl auch verkauft wurde. Auf dem Kohlhökermarkt vor dem Rathaus boten die Kleinbauern des Umlandes ihren Kohl an.

Fährt man heute über das Land, sieht man zwar hier und da noch Gärten, in denen ein paar Reihen Grünkohl stehen, im Großen und Ganzen aber hat der Griff in die Tiefkühltruhe des nächsten Supermarktes den eigenen Kohlgarten weitgehend verdrängt. Der Grünkohl im Supermarkt stammt allerdings immer noch aus einheimischen Anbaugebieten. Hier spielt die viel diskutierte Standortfrage nach wie vor keine Rolle.

Jedem Grünkohlfan sei an dieser Stelle empfohlen, einmal auf dem Wochenmarkt oder direkt vom Erzeuger einen Kofferraum voll Grünkohl einzukaufen und ihn frisch zuzubereiten. Dies ist zwar mühsam, aber der Geschmack von frischem Kohl ist einfach besser. Aber Vorsicht! Der Kohl muss länger kochen als vorgefertigter, sonst bleibt er äußerst schwer verdaulich.

Wer bereits für eine große Runde frischen Kohl zubereitet hat, kann sich zudem eher eine Vorstellung davon machen, welchen Aufwand unsere Vorfahren treiben mussten, um auch im Winter satt zu werden.

Ein Gericht für »Schweinetreiber«?

Hartnäckig hält sich das Gerücht, Grünkohlgerichte seien den niederen Ständen vorbehalten gewesen, quasi dem Bauern nebst seinem Vieh. Diesem Gerücht leisteten einige der ersten Touristen, die Norddeutschland besuchten, Vorschub. Da gibt es den unter Kohlkennern inzwischen berühmt-berüchtigten Brief des Brabanter Gelehrten Justus Lipsius, der im Jahre 1586 eine Reise durch das Oldenburger Land machte und erschüttert war über die hiesige Esskultur. Verzweifelt schrieb er nach Hause:

»Da bin ich in Oldenburg. Wo liegt das Ding, wirst du fragen? Es ist ein westphälisches Städtchen, ein wahres Nest. ... Alles Übel, was Menschen treffen kann, hat mich betroffen (...) Und die Speisen – kaum menschlich sind sie. (...) Nun denke dir die Kost in den hiesigen Wirthshäusern! Was sag' ich, Wirthshäuser? Ställe sind es. (...) Da sitzt man dann mit den Fuhrleuten und Schweinetreibern ums Feuer (...) Siehe da, das erste Gericht! Dicker Speck und roh dazu! o mein

Gemüsemarkt vor dem Bremer Rathaus, um 1902

Das »Schaffermahl« in der Oberen Rathaushalle in Bremen

armer Magen! Was soll ich machen? (...) Doch da kommt der ersehnte zweyte Gang, die Hauptschüssel! Eine ungeheure Kumme voll braunen Kohls! Einen Finger breit darüber her fließt die Brühe von Schweinefett. Diesen Ambrosia essen meine Westphälinger nicht, sie verschlingen ihn. Mich ekelt er an.«

Was Lipsius nicht wusste: Auf dem Bremer Schaffermahl, das bereits seit 1545 begangen wurde, gab es als Hauptspeise Grünkohl – Verzeihung: Braunkohl mit Pinkel. Zum Kohl wurden statt Kartoffeln Maronen gereicht, wie es damals in höheren Kreisen üblich war. Dieses älteste Brudertreffen der Welt fand und findet auch nach über 450

Jahren an jedem zweiten Freitag im Februar statt. Früher trafen sich die Bremer Kaufleute mit ihren Kapitänen, die anschließend auf große Fahrt gingen und damit das Winterlager beendeten. Heute sind es die Kapitäne aus Wirtschaft und Politik, die sich hier bis vor kurzem eine der letzten Männerbastionen erhalten konnten. Erst im 21. (!) Jahrhundert fand die erste Frau Zugang zur illustren Männerrunde.

Es waren also mitnichten nur »Fuhrleute und Schweinetreiber«, die Grünkohl mit Genuss verzehrten, während feine Stadtbürger und höher gestellte Personen beim Anblick eines Kohlgerichts die Nase rümpften. Es gab allerdings einen entscheidenden Unterschied: Während das Gesinde den Grünkohl mehrmals in der Woche und immer wieder aufgewärmt als fetten Eintopf serviert bekam, in dem als Fleischbeilage bestenfalls ein Stück Speck schwamm, aßen feinere Leute ihren Kohl als Gemüsebeilage zu einer üppigen Fleischplatte mit Pinkelwurst, Kasseler Rippspeer und Geflügel.

Johann Georg Krünitz schrieb 1788 in seiner Enzyklopädie zum Stichwort Grünkohl u.a. Folgendes:

»Was die ökonomische Nutzung des braunen Kohles betrifft, so ist derselbe nicht nur eine Gesindekost, sondern auch eine Kost des Mittel-Mannes und eine Gast-Speise, und wird entweder geschärbet (geschabt), oder lang gegessen.«

Der Herrschaft schlug er vor, dem Gesinde Grünkohl in fetter Brühe als Eintopf mit Butter oder Käse zu geben, an Fleischtagen auch ab und zu mit Speck oder etwas Wurst.

»Für den herrschaftlichen Tisch des Mittel-Mannes, und zur Gast-Speise ...« empfahl Krünitz zum Grünkohl *»verlorne Eyer, Carbonade, Bratwurst, Schinken, ... Eyer-Kuchen, Räucher- oder Bökel-Fleisch«* zu reichen.

Krünitz beklagte sich allerdings darüber, dass in herrschaftlichen Häusern die Kartoffel verschmäht wurde: *»An statt der Kastanien, kann man auch für sich gar gekochte, und von ihrer äußeren Schale entledigte Kartoffeln auf den Rand der Schüssel legen; und dieses würde vielleicht öfter geschehen, wenn die Kartoffeln theurer, oder wenigstens eben so selten, als die Kastanien, wären.«*

Grünkohl war also nicht nur geografisch weit verbreitet, er dampfte in Schüsseln und auf Tischen quer durch alle Schichten der Bevölkerung. Dem »Gesinde« muss der immer wieder aufgewärmte Grünkohleintopf im Frühjahr allerdings zum Halse herausgehangen haben.

Kohl und Blähungen

Der größte Kohlpatron wird den Kohl nicht von dem Vorwurfe, daß er Blähungen verursachet, befreyen können. Alle diese Kraut-Arten schließen eine Menge Luft in sich, die sich unter dem Verdauen davon trennt, und den Leib ausdehnt. Diese entwickelte Luft sammelt sich, und irret durch die Gedärme; bald vertheilet sie sich in mehrere kleine Portionen, und bald kommt sie wieder zusammen. Sie dehnt den Magen und die Gedärme hin und wieder aus, und dies sind die Blähungen, über welche man sich zu klagen hat, wenn man den Magen mit Kohl gefüllt hat.

Wenn diese eingepreßte Luft sich Oeffnung macht, und hervor dringt, so bekommt sie den Rahmen der Winde, von welchen man sehr wenig sprechen kann, ohne zarte Ohren zu beleidigen. Man mag es also anfangen wie man will, so macht Kohl Blähungen, dehnt den Unterleib aus, bläset die Gedärme auf und macht aus dem Bauche einen Blasebalg, dem es bloß an einem Treter mangelt, um die verschlossene Luft heraus zu treiben.

Endlich haben auch die Köche und Köchinnen großen Antheil an den Blähungen, die uns durch den Kohl verursacet werden, wenigstens können sie durch ihre Kunst die Beschwerden sehr verringern, wenn sie uns dieses Gemüse auf eine feinere Art zubereiten. Um vor den üblen Wirkungen des Kohles zu sichern, muß man ihm das Mürbe und Zarte durch Butter, nicht aber durch andere Fett-Arten, verschaffen. Ein Kohl, der mit Rinder-Talg, Schwein- und Gänse-Schmalz bereitet ist,

macht weit stärkere Passionen, als derjenige, welcher mit bloßer Butter zugerichtet wird.

Gemeine Leute, deren Magen nicht durch alle die Mittel verdorben ist, die wir von Jugend auf anwenden, denselben zu schwächen, und Personen, die in steter Bewegung sind, klagen nicht leicht über die übeln Folgen einer genossenen Kohl-Speise; wohl aber solche, welche eine sitzende Lebensart führen. Die Letztern möchte ich überhaupt gern von allen Kohl-Schüsseln entfernen, weil es eine Nahrung ist, die sich gar nicht für sie schickt.

Man sage von der Geschicklichkeit, der Tapferkeit und den Kenntnissen der alten Deutschen halten, was man will, so war doch gewiß keiner unter ihnen, der die Stunden der Nacht dem Studieren widmete; die sitzende Lebensart, und eine gute Verdauung blähender und harter Speisen, stehen im gegenseitigen Verhältnis. Nach der jetzigen Einrichtung ist also Kohl eine gesunde Speise für die Classe der Menschen, die nach dem System der Oekonomisten die hervorbringende genannt wird; nicht aber so gut für die, welche die Pflicht, die Schätze der Erde zu verzehren, auf sich genommen haben. Der Kohl-Kessel und der Bauern-Magen haben die nächste Verwandtschaft mit einander.

Verirrt sich aber ein Kohlkopf in einen feinern zärtlichern Magen, so erregt er Cruditäten und Drücken, daß man oft mit Arzeneyen zu Hülfe kommen muß, welche die Bürde wieder heraus schaffen, oder die erschlafften Fasern des Magens zur starken Arbeit antreiben.

Nach allen diesen angeführten Beschuldigungen der Kohl-Arten, bedarf es kaum noch der Erinnerung, daß man ihn nicht des Abends essen müsse. Wer bey der Abend-Mahlzeit seinem Magen eine gute Ladung dieses Krautes zu verdauen gibt, der wird gewiß eine unruhige Nacht haben, wofern er nicht einen ausserordentlich guten Magen hat.

*(Aus einem Lexikon von 1788
über den richtigen Gebrauch von Kohl)*

Unser Nachkriegswohlstand hat den fetten Grünkohleintopf vom alltäglichen Speiseplan so gut wie gestrichen. Und sollte sich jemand Dienstboten leisten können, was ja auch noch vorkommen soll, wird er diesen kaum drei- bis viermal pro Woche Kohleintopf vorsetzen können, es sei denn, er sucht sich jeden Winter neues Personal. Die Mehrheit der norddeutschen Bevölkerung hält es heute mit den wohlhabenden Bürgern vergangener Jahrhunderte: Sie lässt sich den Winterkohl ab und zu, je nach Lust und Laune, mit viel Fleischbeilage schmecken. Auf Maronen zum Kohl wird jedoch meistens verzichtet, hier hat sich die billigere Kartoffel durchgesetzt.

Auch das liebe Vieh wird heute nicht mehr mit Grünkohlstrünken durch den Winter gefüttert, obwohl das den Tieren sicher besser als künstlich gefertigtes Kraftfutter bekäme. Einige Hobbygärtner und -landwirte füttern vielleicht noch ihre Weihnachtskaninchen mit Kohlstrünken fett. Ansonsten hat diese Pflanze ihre Funktion als genügsames und ergiebiges Wintergemüse für Mensch und Vieh verloren. Vielleicht rankt sich gerade deshalb der überaus beliebte Brauch der Kohl- und Pinkelfahrten um die »Palme«, um ihr nämlich damit ein trotziges Denkmal zu setzen.

Grünkohl ist die beste Medizin

»In de Kohltiet kann de Doktor op reisen gahn«, heißt ein altes Sprichwort. Wie viel Wahrheit darin steckt, hat die moderne Ernährungswissenschaft mittlerweile festgestellt, denn Grünkohl ist ein überaus gesundes Gemüse. Grünkohl enthält zehnmal so viel Karotin wie Weißkohl, doppelt so viel Eiweiß wie Blumenkohl und fast so viel Vitamin C wie Paprika. Zusätzlich sind enthalten: Vitamin A, E, B1, B2, Niacin und B6, außerdem Kalium, Kalzium, Phosphor und Eisen. Langes Kochen kann dem Vitamingehalt des Wintergemüses nicht viel anhaben. Gerade die im Winter so wichtigen Vitamine A, C und E werden durch den Kochvorgang erst richtig freigesetzt. Wer also im Winter haufenweise Grünkohl isst, dem kann die kalte, feuchte Jahreszeit nicht viel anhaben und er kann auf teure Vitamin-Brausetabletten verzichten.

Aristoteles

Cato

Hippokrates

Gehen wir noch einmal weit zurück in die Geschichte, so entdecken wir, dass dem Grünkohl von jeher viele heilende Eigenschaften zugesprochen wurden. Auch wenn manche davon eher an Aberglauben erinnern: So waren zum Beispiel die Ostfriesen der Meinung, dass gestohlener Grünkohl gut sei für lahmende Schweine.

Auch große Gelehrte haben sich eingehend mit den Heilkräften der *Brassica oleracea acephala* beschäftigt. Die Griechen versuchten mit »gebratenem Braunkohl« die Folgen ihrer ausufernden Trinkgelage zu bekämpfen. Der Römer Martialis schlägt in seinen Schriften vor, klein geschnittene Kohlblätter mit Salpeter zu vermischen und abzukochen. Dieses Gebräu sei ein unfehlbares Mittel gegen Kater und Völlegefühl. An dieser Stelle möchte ich jedoch anmerken, dass von einer Nachahmung ausdrücklich abzuraten ist.

Auch Aristoteles war der Ansicht, Grünkohl sei gut gegen den Kater-Blues. Nach eingehendem Studium der Grünkohlpflanze kam der griechische Gelehrte zu dem Schluss, dass die Weinrebe eine besondere Antipathie gegen die Kohlstaude habe und führt als Beweis ins Feld, dass Kohl, der mit Wein begossen wurde, beim Kochen roh bleibe. In der neueren Ernährungswissenschaft steht die Bestätigung dieser Behauptung noch aus. Aber vielleicht führte Aristoteles die angebliche Animosität von Kohl und Wein auch auf die rohe Art und Weise seiner Entstehungsgeschichte laut den Mythen zurück. Schließlich war ja Dionysos, der die Sache mit dem Kohl durch einen Mord ins Rollen brachte, der Gott des Weines.

Der römische Konsul Cato preist aufgewärmten Grünkohl als Heilmittel. Mit Öl, Salz, Kümmel und Polenta vermischt, sei er ein unfehlbares Mittel gegen Kolikschmerzen. Dies muss den erfahrenen Kohlesser sehr wundern, denn Grünkohl ist allgemein bekannt als blähungsfördernd, wie auch unser Enzyklopädist Krünitz in einem längeren Aufsatz anzumerken wusste.

Und sogar Hippokrates, der Vater der Heilkunde, lobt in höchsten Tönen die schmerzstillende Wirkung aufgewärmten Kohls. Gegen Husten und Heiserkeit sei eine Brühe aus Grünkohlblättern gut. Rednern und Sängern wird, um der Heiserkeit vorzubeugen, ein Saft aus Kohlbrühe mit Rosinen empfohlen. – Wer es versuchen mag: Guten Appetit!

Grün- oder Braunkohl –

Welche Farbe hat der Kohl?

Die *Brassica oleracea acephala* hat neben der wohlklingenden lateinischen Bezeichnung viele andere Namen, z.B. Kraus- und Winterkohl. Und während der Kohl für die Oldenburger und Ostfriesen grün ist, heißt er in Bremen Braunkohl.

Über die Farbunterschiede ist schon oft und in jeder Kohlsaison erneut gerätselt worden. Meistens wird den Bremern eine gewisse Farbblindheit vorgeworfen, denn der Kohl ist und bleibt, auch wenn er zum fünften Mal aufgewärmt wurde, schlicht und einfach grün. Zwar wird dieses Grün von Mahlzeit zu Mahlzeit matter, aber es wird trotzdem kein Braun daraus.

Der Vorwurf, die Bremer hätten ihre Farblehre nicht richtig gelernt, kann so aber nicht stehen bleiben. Es muss also einen anderen Grund geben, warum der Kohl in Oldenburg grün und in Bremen braun sein soll, denn bisher hat niemand Bremer Köche dabei beobachtet, wie sie den Kohl tagelang auf dem Herd köchelten, bis er schließlich bis oben hin braun angebrannt war.

Eine andere Theorie besagt, dass die Bremer schlicht und einfach eine andere Kohlsorte bevorzugten, deren frische Blätter eher ins Bräunliche spielten – daher also der Name »Braunkohl«. Und in einem Rezeptbuch von 1788 heißt es: »*Eine etwas ähnliche Art der Zubereitung ist der so genannte Bremer Kohl, da nähmlich die aus der Spitze des grünen Kohles ausgebrochenen bräunlichen Herz-Kolben nicht geschärbet, sondern ganz gelassen werden.*«

So kann man also den Bremern wie ihren niedersächsischen Nachbarn gleichermaßen Recht geben: Der Kohl ist grün und braun zugleich, es kommt nur auf die Sorte an und auf die Blätter, die man zum Kochen verwendet.

Plinius empfiehlt den frisch ausgepressten Saft des Grünkohls gegen »blöde und triefende Augen«. Ein für Kohlgänger nicht uninteressantes Rezept, denn nicht selten schauen Betroffene nach einer Kohltour ein wenig »bedeppert« in den Tag hinein: Ein paar Tropfen Kohlsaft in die Augen, und schon wird der Blick klar und intelligent. Ein Experiment, für das es allerdings keine Erfolgsgarantie gibt.

Auch Fernreisende sollten nach Ansicht der alten Römer und Griechen immer einige Grünkohlblätter in ihrer Reiseapotheke mit sich führen. Werden sie nämlich aus Versehen von einer Schlange gebissen, so hilft ihrer Ansicht nach ein mit Gerstenmehl vermischter Kohlsaft.

Zu guter Letzt soll die grüne *Brassica* sogar verschluckte Nadeln wieder ans Tageslicht befördern. In einem Bericht des niederländischen Arztes J. van Lil aus dem Jahre 1775 heißt es, er sei zu einer Frau gerufen worden, die eine krumme (!) Nadel verschluckt hatte und nun unter starken Magenschmerzen litt. Der Arzt ließ die gute Frau so viel Grünkohl essen, bis sie heftig erbrechen musste. Die Nadel kam auch heraus und die Frau war geheilt – von krummen Nadeln und wahrscheinlich auch vom Grünkohl.

Ein ganz besonderes Gemüse

Würden nicht Bremer, Oldenburger und Ostfriesen den Grünkohl als »ihr« Nationalgericht für sich in Anspruch nehmen und gäbe es den Brauch der Kohlfahrten nicht, dann wäre der Grünkohl nur ein Gemüse unter vielen anderen. In den Ratgeberseiten tauchte im Winter immer mal wieder der Tipp auf, viel Grünkohl wegen seiner Reichhaltigkeit an Vitaminen zu essen. Aus diesem Grund käme er in der kalten Jahreszeit ab und an auf den Tisch, aber sonst verlöre kaum jemand ein großes Wort darüber, es sei denn, er wäre von Beruf Philosoph. Aber lassen wir das »Was-wäre-wenn-Spielchen«. Der Grünkohl bringt im Winter Oldenburger, Friesen und Bremer in Scharen auf die Beine. Er ist zum Zentrum eines Brauchs geworden, den man getrost als norddeutschen Karneval bezeichnen kann, auch wenn die Kostümierung norddeutsch-dezent oder gänzlich ausfällt.

Und dann taucht auch immer wieder der augenzwinkernd ausgetragene Nachbarschaftsstreit auf, der wahrscheinlich nie geschlichtet wird,

Was ist Kohl?

In engerer und gewöhnlicher Bedeutung, ist der Kohl, lat. Brassica, ein Schoten-Gewächs mit vier langen und zwey kurzen Paren von Staubfäden, welches bey uns in den Gärten angebauet wird, an dem Meer-Strande Englands einheimisch ist.

Man leitet es gemeiniglich von Caulis, ein Stängel, ab, weil der Kohl sich durch seinen kurzen dicken Stamm oder Stängel (in einigen Gegenden Kohl-Strunk oder Dorsch), von anderen Gewächsen so merklich unterscheidet. Allein das lat. Olus, Holus, Kraut, scheint mehr recht darauf zu haben; zumahl da man auch im Deutschen für Kohl in der engern Bedeutung in vielen Gegenden nur Kraut sagt; Braun-Kraut, Weiß-Kraut, Sauer-Kraut.

sonst würde es ja zu langweilig. Es geht um die Frage, wo der Kohl denn nun am besten schmeckt. Die Schreiberlinge aller Lokalzeitschriften werden während der Grünkohlsaison vermutlich darauf verpflichtet, die immer gleichen Lobeshymnen auf »ihr« Nationalgericht anzustimmen, ob nun in Bremen, Oldenburg oder Friesland.

Der Bremer Autor Hermann Gutmann hat es als eingefleischter Kohlkenner allerdings einmal gewagt zuzugeben, *»dass die Bremer ihre Kohl- und Pinkel-Fahrten am liebsten ins Oldenburgische unternehmen, weil der Kohl da, nun ganz ehrlich, immer noch am allerbesten schmeckt«*. Nun beruht diese Feststellung glücklicherweise auf einer Geschmacksfrage und darüber lässt sich streiten bis ans Ende aller Kohlfahrten.

Aber wessen »Nationalgericht« ist denn nun »Grünkohl mit Pinkel«? Eindeutig die größte Tradition im öffentlichen Grünkohlessen haben die Bremer. Seit 1545 wird den hohen Gästen des »Schaffermahls« Braunkohl mit Pinkel vorgesetzt; das macht über 450 Jahre Braunkohlessen in der Freien und Hansestadt Bremen.

Seit 1829 treffen sich außerdem die Bremer an der Weser zur so genannten »Eiswette«, um zu klären, ob die Weser »geiht oder steiht«,

Bremer Eiswette am
6. Januar: Der Schnei-
der wird gewogen

ob sie also zugefroren ist oder offen. Von dieser Anstrengung erholen sich die knapp 300 Mitglieder der Eiswettgesellschaft am dritten Sonnabend im Januar bei einem deftigen Grünkohlessen.

Die Friesen können dagegen mit der wohl ältesten Tradition aufwarten, die ihren kultisch-symbolischen Ursprung nicht verbergen kann. So wird noch heute in einigen Familien am Gründonnerstag letztmalig Grünkohl gegessen. Dieser Brauch geht wiederum auf die Frühlingsmahlzeit mit Namen »Sövenderlei« oder »Negenderlei« (Siebenerlei oder Neunerlei) zurück, die bis ins letzte Jahrhundert hinein zelebriert wurde. Die Mahlzeit bestand aus Grünkohl mit sieben oder neun Kräutern. Die Zahlen sieben und neun hatten dabei eine mystisch-symbolische Bedeutung, während dem Grünkohl heilende Kräfte zugesprochen wurden. Pinkel gab es nicht dazu, und auch heute verzichten die Friesen meist auf die berühmte Grützwurst.

Am Abend des 21. Februar findet zudem auf den Nordfriesischen Inseln das »Biikebrennen« (Bakenbrennen) statt. Dabei werden Strohpuppen und gefüllte Fässer verbrannt, um die Wintergeister zu vertreiben. Im 17. Jahrhundert dienten die Feuer zudem als letzter Gruß für

... und die Drei Heiligen Könige schauen auch vorbei

die auslaufenden Walfänger. Das Fest findet mit einem deftigen Grünkohlessen seinen krönenden Abschluss.

Die Oldenburger können auf die wohl »auswärtigste« Tradition im Grünkohlessen verweisen. Mit ihrem »Defftig Ollnborger Grönkohläten« zogen sie bis an den Rhein, um dort den Politikern mal ein ordentliches Essen vorzusetzen. Die Idee ist ganz pfiffig, denn: *»Wenn die Politiker nicht zu uns kommen, kommen wir zu ihnen, denn bei einem richtig guten Essen lässt sich manches lokale Problem ganz gut mit den Bonner Politgrößen besprechen.«*

Das Grünkohlessen in der niedersächsischen Landesvertretung in Bonn war am Rhein zum Geheimtipp geworden. Höhepunkt dieses Politspektakels ist die Königsproklamation. Der neu gewählte Kohlkönig und die Kohlkönigin müssen eine Antrittsrede halten, natürlich unter karnevalistischen Gesichtspunkten. So sprach Bundeskanzler Kohl ein wahres Wort, als er bekannte: *»Ich bin der wahre Kohlkönig.«*

Das Bonner Kohlessen gibt es seit 1956. Der damalige Bundespräsident Theodor Heuss sagte einen Besuch in Oldenburg ab. Daraufhin

Ein Traum wird wahr: 1984 wird Helmut Kohl in Bonn Kohlkönig

entschlossen sich die Oldenburger, einfach zu ihm zu reisen und nahmen riesige Portionen Grünkohl im Reisegepäck mit.

So ganz neu ist diese Tradition nun auch wieder nicht. Im Oldenburger Hauskalender von 1931 heißt es: »*Den Höhepunkt im geselligen Leben der Oldenburger in Berlin bildet alljährlich die Veranstaltung des ›Braunen Kohl-Essens‹. Dieses unser Nationalgericht führt in der Reichshauptstadt viele Persönlichkeiten zusammen, die sich noch heute mit Oldenburg verbunden fühlen.*«

Berlin hat mittlerweile die Rolle Bonns übernommen, und in der Liste der Kohlkönige tauchen so bekannte Namen auf wie Otto Schily (1999) und Guido Westerwelle (2004).

Die eifrigen Oldenburger Politiker veranstalteten aber sogar Grünkohlessen in Washington, für die die nötigen Zutaten mit einem Flugzeug frisch aus dem Oldenburger Land eingeflogen werden. Ähnlichen Aufwand betreiben begeisterte Grünkohlfans in Hongkong: Auch sie lassen sich zur Saison frischen Grünkohl und originale Pinkel per Flugzeug liefern. Von Boßel-Touren durch die Innenstadt Hongkongs war allerdings noch nichts zu hören.

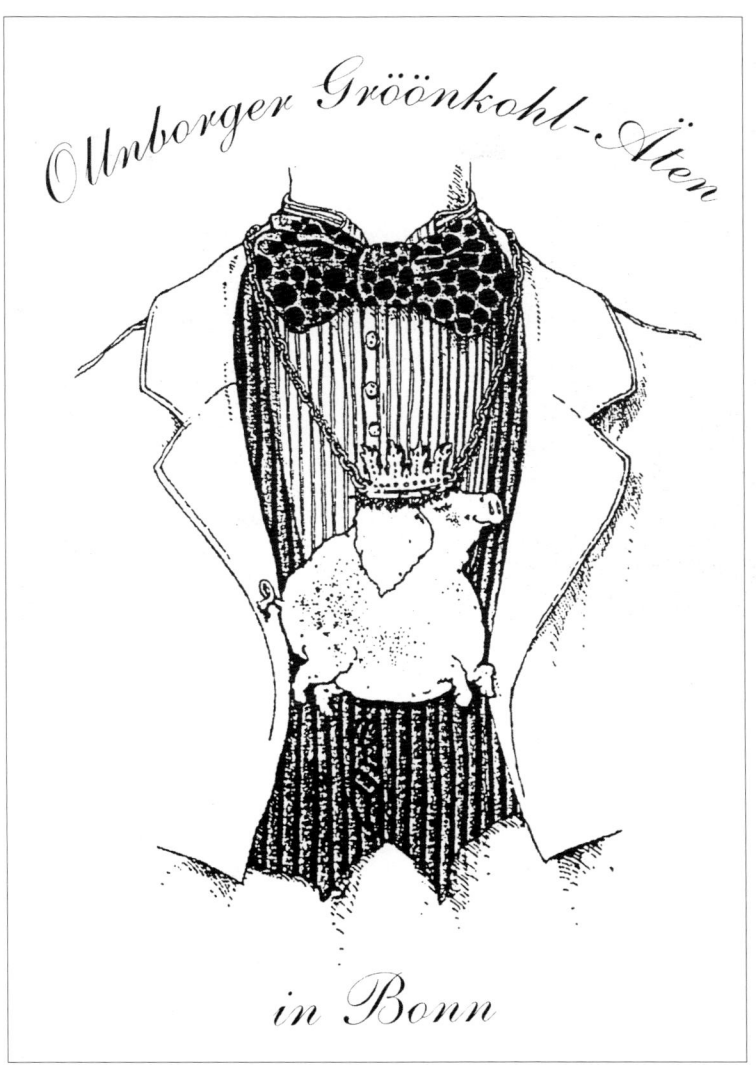

Grünkohl in Hongkong und Shanghai

Wer glaubt, Grünkohlessen sei per se auf die norddeutsche Region oder zumindest doch auf Deutschland beschränkt, muss sich eines Besseren belehren lassen. Die Tradition des Kohl- und Pinkel-Essens hat mittlerweile selbst in China Fuß gefasst.

Im Hongkonger Hotel Intercontinental wurde 2004 schon das »21. Norddeutsche Grünkohlessen« veranstaltet und im fernen Shanghai wurde 2004 bereits die fünfte offizielle Kohl- und Pinkel-Fahrt organisiert. Was hier im Jahr 1993 noch mit der stolzen Zahl von drei Teilnehmern begann, hat sich mittlerweile zu einem kleinen Spektakel ausgeweitet, das zuletzt 150 Teilnehmer verzeichnete. Natürlich wird auch in Shanghai auf »norddeutsches Know-how und Qualität« nicht verzichtet.

东方早报

VOGUE MESSENGER

OMP风尚杂志

2004.2.13 NO.5 每星期五出版

佘山Kohl&Pinkel郊游
香肠、大白菜还有Schnapps酒

早报实习记者 顾晨霞 图 Gary Gao

2月7日，晴，上海的冬日气息中多了几分德国香肠、大白菜和Schnapps酒的味道。160多个德国人用红线把白色小酒杯和面包圈拴在胸前，带着满车的冰镇酒、香肠和各色面包，浩浩荡荡开赴佘山郊游。这是一次上流社交圈的活动。领队的是主办方上海巴黎春天大酒店的总经理 Peter Herweck，四辆喧闹的巴士里满载着外资公司的德籍老总及其家属，包括德国驻上海总领事 Wolfgang Rohr。

你可以把场面设想为唐人街的中国农历节庆。因为Kohl&Pinkel郊游活动在德国北部已经有100多年的历史。人们在寒冬中与家人、朋友或同事结伴郊游，步行中穿插着传统游戏，晚上回家或去餐馆享用Kohl&Pinkel晚餐。德语中Kohl和Pinkel分指大白菜和香肠，均是德国的传统冬令食物。

不过，德国人实在擅长把任何活动演变为喝酒活动。小酒杯挂在脖子上参加郊游再次印证了德国人的好酒。他们不愿错过任何一杯Schnapps——由40%伏特加和60%柠檬汁调成，淡黄色，酸而辛辣，虽然冰镇却能喝得周身暖洋洋。德国人互相敬酒是最最你情我愿的事，任何人都可能变魔术似地拿出一瓶Schnapps给周围人满上，因为酒杯是挂在脖子上的，所以大家都欣然地一口喝完，随即开始热烈地交谈，也不顾杯里剩余的液体弄湿了前襟。

热情的胖胖女士 Christina 来自于德国保尔曼，Kohl&Pinkel的传统城市。她认为把酒杯挂在脖子上就可以腾出双手来做更多的事情，比如在颠簸的巴士上给每个人斟酒，或者左手啤酒右手香肠地大快朵颐，因为郊游……没有围坐吃饭的时间。三轮车上的……冰块上永远堆满啤酒，竹……袋子里有香肠。

在美食和酒精的神奇催化作用下，日尔曼民族的严谨发条愈发松垮下来，满面红光地高声谈笑如闹铃般响个不停，郊游升级为一场德国狂欢节。160多个德国人在山路上用黄瓜、鸡蛋、通心粉、茶包等食物做各种游戏。他们并不急于为过往车辆让路，而是热烈地跟车内的上海人打招呼，递入啤酒。有人借着酒劲，一屁股坐上了别人的车头。有人一把抢过摄影记者的相机，推搡着他去参加游戏，嘴里嚷着"Enjoy, just enjoy it……"

回程的车上不少人累得睡着了，不过当餐桌上德国香肠和炖煮三四天的大白菜酱末的香味飘来，人们又来了精神。在高声合唱的德国北部传统歌曲声中，整桌的人挽起手来摇摆身体。一曲罢，"Cheers for Germany"、"Cheers for ……hai"此起彼伏，伴着大啤酒杯的清……来的旋律。

SHANGHAI STAR CITY LIFE

Shanghai Star

...d chief operating ...reau of Overseas ...g ceremony of the ... Shanghai located ...ower February 11. ...pelman.

Mayfair Hotel welcomes participants of the fifth annual Kohl and Pinkel excursion, which led guests all the way from the hotel to Sheshan Mountain.

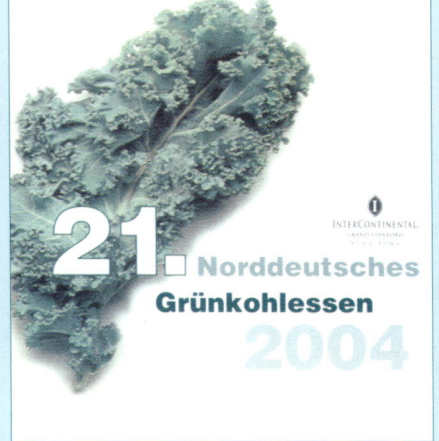

Die Organisation liegt beim Mayfair Hotel, doch Kohl, Pinkel und weitere Fleischwaren werden standesgemäß von der Schlachterei Sudmann in Bremen-Falkenberg geliefert. Und das in nicht gerade geringer Menge: 250 Kochwürste, 160 Pinkel wurden beim letzten Mal u.a. verzehrt, auch Bier und Hochprozentiges durften nicht fehlen. Vor dem Essen wird natürlich ein zünftiger Marsch organisiert und auch Spiele wie Eierlauf, Teebeutelweitwurf und »Makkaroni-Einfädeln mit dem Mund« gehören dazu. Nicht nur Fernsehen und lokale Zeitungen berichten mittlerweile von diesem gesellschaftlichen Ereignis in Shanghai, sogar Schweizer, Brasilianer und Inder nahmen daran teil. Ob es demnächst eine Kohl- und Pinkel-Fahrt in Rio gibt?

Neben diesem doch relativ jungen Highlight oldenburgischer Grün-
kohlgeschichte blühte die Tradition des Grünkohlessens eher im
Verborgenen. Es gibt beispielsweise Vereine wie den Oldenburger
Turnerbund, die eine mehr als hundertjährige Tradition haben. Historische Höhepunkte wie Bremer Schaffermahl und Eiswette gibt es in
der Oldenburger Kohl- und Pinkel-Geschichte allerdings nicht.

Außerhalb dieser offiziellen Grünkohlessen ähneln sich alle Kohl- und
Pinkel-Fahrten, ob nun in Oldenburg, Bremen oder Friesland. Man
geht »zu Fuß und ohne Frack«, d.h. in Straßenkleidung. Als Kostümierung dient meist ein Kohlblatt am Hut oder Regenschirm sowie ein
mit Luftballons und Hochprozentigem ausgestatteter Bollerwagen. Als
Trinkgefäß reicht ein kleines Henkelglas oder ein Eierbecher am Band.
Hartgesottene haben eine so genannte Schlucklatte dabei.

Ziel dieser bunten Horden ist meist eine Gaststätte, in der die Löcher,
die der Korn in die Mägen gebrannt hat, mit einer deftigen Grünkohlmahlzeit wieder aufgefüllt werden. Höhepunkt ist auch hier die Prokla-
mation der Kohlmajestäten – und das müssen nicht unbedingt die
größten Esser sein (dazu später mehr). Zum Abschluss spielt oft eine
Kapelle zum Tanz auf oder man sitzt in geselliger Runde beisammen.

Ausrichten kann man Kohl- und Pinkel-Fahrten zwischen Buß- und
Bettag und Gründonnerstag, wobei der Höhepunkt der Kohlsaison
im Januar liegt. Nachzügler gehen im März noch einmal los, danach
wird es oft schon zu warm. Für ein typisches Kohlfahrtwetter muss es
vor allem knackig kalt und trocken sein, sonst schmeckt der Kohl nur
halb so gut.

Alles, was ein Kohl braucht

Fleischliches und Spirituelles rund um den Kohl:
Warum die Pinkel Pinkel heißt, welches Fleisch zum Kohl gehört und
wie die Erfindung des Herrn Kasseler unsere Speisetafel bereichert,
außerdem alles über die zu Unrecht kaum beachtete Kartoffel und
Wissenswertes und Appetitanregendes zum Thema Schnaps und Bier.

Alles, was ein Kohl braucht

Fleisch und Wurst

Zu einem deftigen Grünkohlessen gehört eine ordentliche Fleisch- und Wurstplatte. Beim Grünkohlessen kann man mal so richtig hinlangen, denn hier ist die Welt noch in Ordnung, hier ist das Fleisch noch ein »Stück Lebenskraft«. Wir halten es mit der Fleischplatte wie Asterix und Obelix mit dem Wildschwein: Jeder darf zulangen, ohne schlechtes Gewissen und ohne Diätvorschriften.

Ein historischer Streifzug zu den Germanen

Die Vorliebe fürs Schwein hat Tradition, schon unsere Ahnen ernährten sich vorwiegend vom Borstenvieh. Die Schweine unserer Vorväter und -mütter lebten damals glücklich und zufrieden in riesigen Eichenwäldern und ernährten sich rein biologisch-dynamisch von Eicheln, Bucheckern und anderen Waldfrüchten. Die Schweinezucht hatte um das 8. Jahrhundert einen solchen Stellenwert eingenommen, dass die Maßeinheit für den Wald die Menge der Schweine war, die darin gemästet werden konnte. Ein Waldbesitzer hätte also damals gesagt: »Mein Wald ist 50 Schweine groß«, wobei angemerkt werden muss, dass es bei den Germanen noch keine Waldbesitzer gab, der Wald stand allen offen, die ihn zur Schweinezucht oder sonstwie nutzen wollten.

Die Germanen waren, was ihre Essgewohnheiten anbetrifft, nicht gerade zimperlich. Nur wer reinstopfen konnte bis zum Umfallen, galt als ein wahrhaft angesehenes Mannsbild. Ein Mann musste kräftig, gefräßig und unersättlich sein, erst dann war er ein vollwertiges Mitglied der germanischen Männergesellschaft – ein Jäger und Krieger. Nun muss man natürlich bedenken, dass die Germanen nicht jederzeit in den Supermarkt gehen konnten, wenn ihnen die Vorräte ausgingen. Als Jagdgesellschaft waren sie von dem abhängig, was ihre unendlichen Wälder hergaben. Also musste man sich für Notzeiten ein dickes Polster zulegen.

Einwohner südlicher Gefilde sahen mit Verachtung auf die gierigen, Fleisch fressenden Germanen herab. Schon im antiken Athen hatten

sie einen schlechten Ruf. So beschwerte sich beispielsweise Aristophanes, seines Zeichens Komödienschreiber, bitter über die Nordeuropäer: *»Die Barbaren halten dich nur für einen Mann, wenn du fähig bist, einen ganzen Berg zu verspeisen.«*

Nachdem die Römer über Jahrhunderte vergeblich versucht hatten, mediterrane Sitten und Gebräuche bei den Germanen durchzusetzen, trat um das 4. Jahrhundert die christliche Kirche mit ihren strengen Ess- und Trinkvorschriften auf den Plan. So sollte der Fleischkonsum eingedämmt werden, denn Fleisch mache aggressiv und dumm, meinten zumindest die Missionare. Die heiligen Speisen Brot und Wein sollten Schweinefleisch und Cervisia, Vorgängerin unseres heutigen Bieres, vom Speisezettel der Germanen verdrängen.

In Süddeutschland stießen die neuen Essvorschriften auf wenig Widerstand. Hier stehen heute noch Mehlspeisen ganz oben auf der Speisekarte. Auch der Wein fand regen Absatz bei unseren Landsleuten im Süden. Und nicht nur an Rhein und Mosel trinken die Leute ihren Schoppen. Die Stadt, in der am meisten Wein getrunken wird, ist – man höre und staune – München. Vielleicht sind die Bayern deshalb heute noch mit einigen Feiertagen mehr gesegnet als wir, weil sie sich damals den christlichen Sitten und Bräuchen ihrer kirchlichen Herren beugten – meistens jedenfalls.

Im Norden versuchten die Missionare und Kirchenfürsten vergeblich, das Schwein vom Tisch zu kriegen und der Völlerei Herr zu werden; kein Wunder: Sogar unter den Mönchen hielt sich hartnäckig der Typ des Vielfraßes. So beschwerten sich die höchsten Kirchenfürsten in Rom im Jahre 1059 auf einer Synode darüber, dass die Rationen, die den nordeuropäischen Mönchen zugeteilt würden, *»eher der Gefräßigkeit von Zyklopen entsprechen als christlicher Enthaltsamkeit«.*

Auch Karl der Große, Germanenfürst und gleichzeitig erster »römischer Kaiser«, hatte ein Problem. Während ihn die Kirche dazu ermahnte, bei Tisch ein leuchtendes Vorbild christlicher Enthaltsamkeit zu sein, zeigte sich für das Volk die Stärke ihres Königs auch in der Größe seines Appetits. Und den ließ sich Karl von den römischen Herren nicht verderben. Jeden Tag soll er frisch erlegtes, am Spieß gebratenes Wildbret genossen haben.

Angesichts der Unbelehrbarkeit der Germanen belegte die Kirche mehr als 150 Tage im Jahr mit einem Fleischverbot. Was dazu führte, dass an den Fleischtagen umso mehr gegessen wurde. Im 15. Jahrhundert lag der Konsum bei knapp 500 Gramm an jedem Fleischtag pro Person, Säuglinge und Greise mit eingerechnet.

Mit den glücklichen Zeiten für die Schweine war es allerdings vorbei. Inzwischen hatte sich die Stallhaltung durchgesetzt und erste medizinische Traktate warnten vor dem Verzehr »eingekerkerter Tiere«.

Natürlich gab es im Laufe der Jahrhunderte immer wieder Hungersnöte, die den Fleischkonsum drastisch senkten. Im 14. Jahrhundert, in dem die Menschen von Pestepidemien und Hungerzeiten heimgesucht wurden, soll das Hauptnahrungsmittel Kohl gewesen sein. Aber sobald wieder Tiere gezüchtet werden konnten, kam der Spießbraten auf den Teller der Herrschaft und das Pökelfleisch auf den Tisch des Bauern.

Und heute? Es hat sich nichts geändert. Fleisch ist der Mittelpunkt einer Mahlzeit, um die sich die Beilagen gruppieren. Am Fleischkonsum bemessen sich immer noch der Wohlstand und Auf- oder Abstieg einer Nation. Auch die immer häufigeren Skandale in der Massentierhaltung verderben uns den Appetit auf ein richtig

Schlachtfest Anfang
des 19. Jahrhunderts

![Vorbereitungen für ein Kohl- und Pinkel-Essen in einer Restaurantküche]

Vorbereitungen für
ein Kohl- und Pinkel-
Essen in einer Restau-
rantküche

schönes und saftiges Stück Fleisch nur kurze Zeit. Zwar entdecken immer mehr Menschen Pythagoras und Seneca wieder, die alten Griechen, die im Fleischverzicht den Triumph des Geistes über den Körper sahen, aber wir sind weit davon entfernt, zur Müsli-Nation zu werden.

Und es ist nach wie vor ein Genuss, ab und an den Körper über den Geist triumphieren zu lassen, zum Beispiel bei einer deftigen Grünkohlmahlzeit mit Pinkel und Kasseler.

Pinkel, Kasseler und andere fleischliche Genüsse

Die Wurst mit dem etwas irreführenden Namen »Pinkel« wird eigens für die Grünkohlsaison hergestellt. Ich kenne kein anderes Gericht, in dem die Pinkelwurst Verwendung findet, sie gehört also zum Bremer und Oldenburger Grünkohl einfach dazu. Ohne sie schmeckte der Kohl nur halb so gut. Sie gibt ihm die Würze, und einige Köche dicken

den Kohl statt mit Hafergrütze oder Haferflocken mit aufgeschnittener Pinkelwurst an.

Es gibt kein allgemein gültiges Pinkelwurstrezept. Jeder Schlachter macht sie anders, und die Zusammensetzung der verschiedenen Zutaten und Gewürze wird gehütet wie ein Geheimnis. Drin enthalten sind jedenfalls Würfelspeck, Gerstengrütze, Rindertalg, Schweineflomen, Zwiebeln, Salz, Pfeffer und Gewürze.

Den Namen hat die Wurst von ihrer Hülle. Eigentlich gehört die Pinkel nämlich in einen gereinigten und ausgekochten Rindermastdarm, weil der schön fett ist. Dieser Mastdarm trägt den schönen plattdeutschen Namen »Pinkel« und der wurde der Wurst einfach weitervermacht. Eine Original-Pinkel bekommt man heute kaum noch. Die Wurstmasse steckt mittlerweile im Kunstdarm oder in einem Leinensäckchen. Zum Verzehr muss die Wurst deshalb von ihrer Pelle befreit werden.

In weiten Teilen Ost- und Nordfrieslands wird übrigens auf Pinkel verzichtet. Hier kommt zusammen mit dem Kohl nur fetter und gestreifter (durchwachsener) Speck auf den Tisch, wie es früher

Lecker – dampfend steht der Kohl auf dem Tisch

in weniger wohlhabenden Häusern üblich war. In Südoldenburg verzichtet man ebenfalls auf die Pinkel, nicht aber auf die restlichen Beilagen wie geräucherten Speck, Kochwurst und Kasseler Rippspeer. Die Westfalen begnügen sich mit ihren Mettendchen, und die Hannoveraner und Braunschweiger essen Brägenwurst zum Grünkohl.

In Oldenburg und Bremen krachen die Fleischplatten unter ihrer Last: Pinkel, Kasseler Rippspeer, durchwachsener Speck und Kochwurst gehören hier zum Kohl.

Der Kasseler ist übrigens kein typisch norddeutscher Leckerbissen. Ein Herr Cassel, seines Zeichens Schlachter in Berlin, erfand um 1890 diese Delikatesse, die zur klassischen Grünkohlbeilage avancierte.

Die Kartoffel

Ein Grünkohlgericht ohne Kartoffeln ist wie ein Frühstück ohne Brötchen. Meistens werden zu Kohl und Pinkel Salzkartoffeln gereicht, manchmal aber auch Bratkartoffeln oder gar Kroketten.

Dass überhaupt Kartoffeln zum Grünkohl gereicht werden, scheint nicht besonders erwähnenswert, sonst würde es ja auch Kohl-, Pinkel- und Kartoffelfahrt heißen. Die Kartoffel gehört irgendwie dazu, sonst wäre man hinterher nicht richtig satt. Seit die Erdfrucht auf dem europäischen Kontinent auftauchte, ist sie das Aschenputtel unter den Gemüsesorten. Sie wird, kaum liegt sie auf dem Teller, mit dicken Saucen zugeschüttet, weil man ihr keinen nennenswerten Geschmackscharakter zugesteht. Sie gilt leider nur als Sattmacher, obwohl es viele schmackhafte Kartoffelsorten gibt.

Wer die erste Kartoffel nach Europa schiffte, ist nicht genau geklärt, jedenfalls war es nicht Columbus. Wahrscheinlich brachte der spanische Eroberer Pizarro um 1530 mit seinen Gefolgsleuten die stärkehaltige Knolle aus den Anden Südamerikas mit in seine Heimat. Im Inkareich wurde die Kartoffel bereits seit mehreren tausend Jahren im Hochgebirge angebaut.

Von Anfang an rümpften die verwöhnten Europäer ihre gepuderten Nasen angesichts dieser Runzelknolle. Die Kartoffel sah hässlich aus und schmeckte den wohlhabenden Leuten, die stark gewürzte Speisen gewohnt waren, viel zu fade. So wurde die Erdfrucht dem »Volk« zuge-

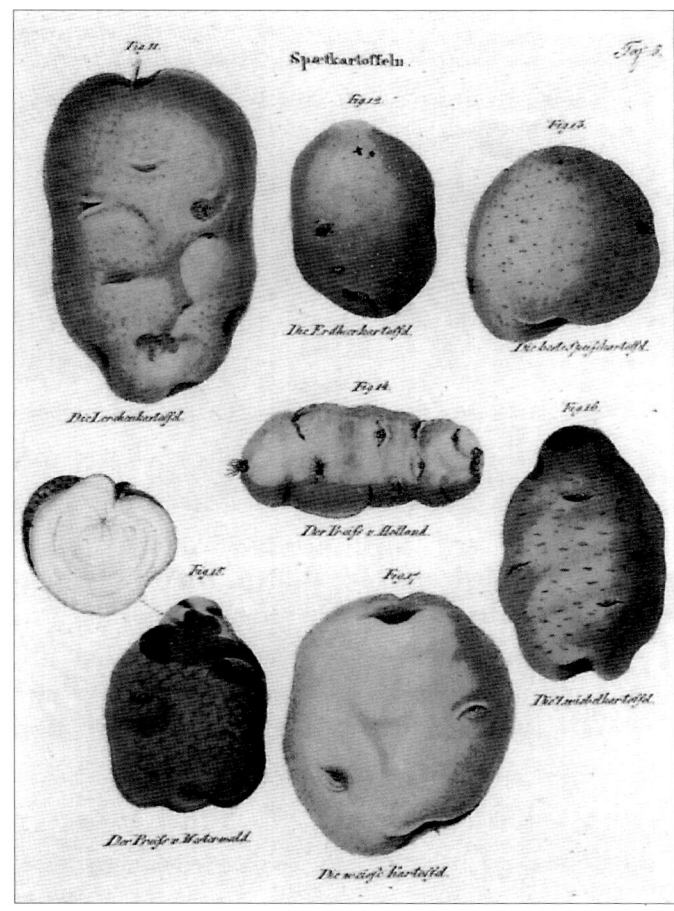

Kartoffeln – unter-
schätzte Köstlich-
keiten

schoben, das die Knolle angesichts seiner leeren Speisekammern zwar
zögerlich, aber dann doch gern annahm.

In Deutschland war es nicht so einfach, die Kartoffel unters Volk zu
bringen. Der Anbau und Verzehr der Kartoffel wurden von höchster
Stelle verordnet. Friedrich Wilhelm I., König der Preußen, forderte
seine Bauern 1720 unter Androhung drakonischer Strafen auf, die
Kartoffel anzupflanzen, denn es hatte verheerende Getreidemissernten
gegeben. Aber die Bauern zogen nicht mit. Sie glaubten, die Kartoffel mache aussätzig, und der Aussatz war zu Friedrichs Zeiten eine

gefürchtete Krankheit. Die Furcht hatte einen realen Hintergrund: Als Nachtschattengewächs enthält die Kartoffel in allen grünen Teilen Glyko-Alkaloid, das einen hässlichen Hautausschlag hervorrufen kann. In den modernen Züchtungen ist dieses Gift allerdings kaum noch nachweisbar.

Zurück zu Friedrich und seinen Bauern: Im Jahre 1750 musste Friedrich der Große den Kartoffelerlass seines Vaters wiederholen. Der hatte sich an den preußischen Landwirten vergeblich die Zähne ausgebissen. Aber auch beim »Alten Fritz« blieben die Bauern standhaft. Die Kartoffeläcker mussten von Soldaten bewacht werden, denn wo sie nur konnte, buddelte die aufgebrachte Landbevölkerung die fremde Pflanze wieder aus. Zu hartnäckig hielt sich das Gerücht, die Kartoffel sei giftig. Fritz griff zu einem drastischen Mittel: Er stellte sich auf seinen Balkon und verzehrte vor der staunenden Menge gekochte Kartoffeln. Nun, König Friedrich starb nicht am Aussatz.

Die Bauern ließen sich jedenfalls nicht so leicht überzeugen. Frei nach dem Motto »Wat de Buur nich kennt, dat fret he nich« verschmähten sogar die Kolberger die fremde Frucht, als sie, von einer Hungersnot bedroht, einen Wagen voll Kartoffeln vom »alten Fritz« geschenkt bekommen hatten.

Trotz aller Schmähungen setzte sich die Erdfrucht in der Mitte des 18. Jahrhunderts auch in Preußen langsam durch. Heute ist die Kartoffel gleich nach dem Weizen eines der wichtigsten Nahrungsmittel für die gesamte Weltbevölkerung. Auf den Tellern führt sie aber weiterhin ein kümmerliches Dasein. Wegen ihres relativ neutralen Geschmacks ist und bleibt sie in unserer Küche eine »Sättigungsbeilage«. Dabei hat die Knolle diese kulinarische Schmähung einfach nicht verdient. Waverley Root schreibt in ihrem »Mundbuch« über die Kartoffel: »Wer sich die Mühe macht, wirklich gute Kartoffelsorten (...) zu probieren, (...) der wird feststellen, dass die viel geschmähte Knolle (...) über eine subtile, aber überraschend breite Vielfalt des Geschmacks verfügt.« Sie fügt aber bedauernd hinzu, dass in Zeiten des Massenanbaus wenig Möglichkeiten bestünden, den wahren Charakter der Kartoffel kennen zu lernen, außer man baue sie selber im Garten an.

Geisthaltige Getränke

Bier

Nach einer Reise zum Olymp, dem Wohnsitz der griechischen Götter, über die Anden Südamerikas bis hin zu den alten Germanen ist nun geklärt, was wir bei einem typisch norddeutschen Grünkohlgericht auf dem Teller haben. Es fehlt aber noch das Tüpfelchen auf dem i. Der Kohl muss nämlich schwimmen und dazu gehört ein schönes kühles Bier (mit Wein verträgt sich der Kohl bekanntlich ja nicht). Auch hier wollen wir den Vorhang der Geschichte ein wenig lüften und sehen, was uns da »typisch Norddeutsches« als Getränk zum Kohl gereicht wird.

Wir gehen ungefähr 6000 Jahre zurück zu den Sumerern, die zwischen Euphrat und Tigris am Persischen Golf lebten. Die Sumerer besaßen eine nicht zu verachtende Biervielfalt, kein Wunder eigentlich in einem Land mit heißem Klima. Sie verstanden es, aus fast allen Getreidesorten, versetzt mit allerlei Gewürzen, ein Getränk zu brauen, das bereits den Namen Bier verdiente. Mit dem heutigen Bier war es aber eher entfernt verwandt.

Na, denn man Prost!

Im alten Ägypten wurde das Bier mit Saugröhren getrunken, um die Trübstoffe im Bier nicht aufzuwühlen

Ungefähr 2000 Jahre währte das sumerische Bierparadies. Dann eroberten die Babylonier das Land am Persischen Golf. Als Erstes ließen sie sich in die Kunst des Brauens einweisen, die sie bald besser beherrschten als ihre Lehrmeister. Die Babylonier verstanden es, mehr als zwanzig verschiedene Sorten Bier zu brauen, darunter so etwas wie Weißbier, Dunkles und Lagerbier, das für den Export bestimmt war. Der babylonische König Hammurapi (1728–1686 v. Chr.) erließ die ersten strengen Biergesetze. Panschern drohte, im eigenen Bier quasi ersäuft zu werden, indem man ihnen so viel von ihrem Gebräu einflößte, bis sie daran erstickten. Diese Vorschriften wurden in eine Säule eingemeißelt. Eine Kopie der Biersäule steht heute im Museum der Schwaben-Bräu in Stuttgart.

Auch die Syrer und Ägypter sollen echte Bierfreunde gewesen sein. Letztere müssen zu jeder Mahlzeit Bier getrunken haben, denn ihr Schriftzeichen für Mahlzeit lautet, wörtlich übersetzt, »Brotbier«. Auch die erste Biersteuer stammt von den Ägyptern. Kleopatra erfand sie angeblich zur Eindämmung der Trunksucht. In Wirklichkeit jedoch brauchte sie Geld für den Bau neuer Pyramiden.

Über die Griechen und Römer soll das Bier nun nach Mittel- und Nordeuropa gekommen sein, so ist es zumindest in einigen Biergeschichten nachzulesen. Als die Römer den Versuch starteten, die Nordeuropäer zu unterwerfen, war hier jedoch das Bier in Form von Cervisia schon Alltagsgetränk. Die Stämme Nordeuropas hatten es längst selbst erfunden. Der römische Geschichtsschreiber Tacitus bemerkt in seiner Schrift »*De origine, situ, moribus ac populis Germaniae*« aus dem Jahre 98, dass die Germanen große Cervisia-Trinker seien. Aber auch der römische Wein muss ihnen vorzüglich geschmeckt haben, denn bei Tacitus heißt es: »*Wollte man ihnen ihrer Trunksucht nachgebend verschaffen, soviel sie wollen, so könnte man sie leichter durch ihr Laster als mit Waffen besiegen.*« Glücklicherweise hörte keiner der römischen Kriegsherren auf den Schriftsteller.

Cervisia war und blieb aber das Hauptgetränk der Germanen, weil man davon einfach mehr trinken konnte als vom schweren Wein. Cervisia wurde durch die Gärung von Weizen und Gerste hergestellt. Als Bierwürze diente statt Hopfen Eichenrinde, Eschenlaub oder Ochsengalle. Auch die germanischen Götter liebten Cervisia – glaubten zumindest ihre Untertanen – und so wurden ihnen zu Ehren auf jedem der zahlreichen Feste Unmengen davon getrunken.

Die christlichen Herren sahen das natürlich gar nicht gern und versuchten auch hier, den Germanen ihre Gewohnheiten abzuerziehen. Mit allen Mitteln wollten sie den in der christlichen Liturgie verankerten Wein einführen. Im Norden hatte dies wenig bis keinen Erfolg, und so kniff man in Rom beide Augen zu angesichts der Tatsache, dass auch die norddeutschen Mönche auf Bier nicht verzichten wollten. In den Klöstern wurde das Bierbrauen zu einer regelrechten Kunst verfeinert. Die Mönche experimentierten u.a. mit Wacholder, Blaubeeren und Pilzen, um würzige und wohlschmeckende Sorten zu erfinden. Das Starkbier fand viele Liebhaber unter den klösterlichen Herren. Von diesem ernährten sie sich während der

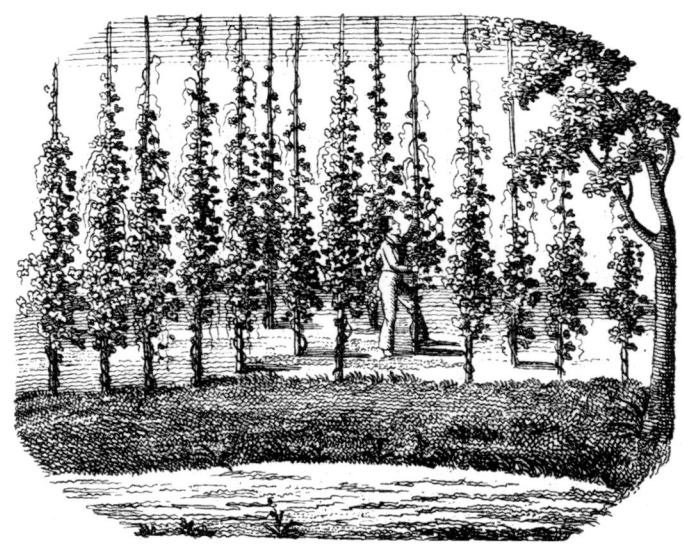

Hopfenanbau

zahlreichen Fastenzeiten im kühlen Norden. Wahrscheinlich kommt daher der Spruch, Bier sei »flüssiges Brot«. Und so mancher Mönch soll gerade während der Fastenzeit in tiefreligiöse Delirien versunken sein.

Der Papst sah dem Treiben der Mönche eher skeptisch zu, und so musste ihm auf dem Aachener Konzil von 817 das Bier als Heiltrank vorgestellt werden, damit er nicht auf die Idee kam, es zu verbieten. Vom Starkbier hat man den Papst gar nicht erst kosten lassen. Auf dem Konzil von Aix wurde dann festgelegt, wie viel die Herren Kanoniker täglich an alkoholischen Getränken zu sich nehmen durften. Demnach standen den Mönchen in Gegenden, in denen kein Wein angebaut wurde, was in Germanien der Fall war, pro Tag fünf Pfund Cervisia zu sowie ein Pfund Wein, damit das Ganze einen etwas christlicheren Anstrich bekam. Der Wein musste importiert werden, da er in den nördlichen Regionen nur schlecht gedieh. In den ärmeren Klöstern wurde deshalb deutlich weniger gezecht. Die Klöster waren es auch, die als Erste das Bier als gute Einnahmequelle für sich entdeckten. Der älteste noch heute erhaltene Braubetrieb ist das im Jahre 1040 gegründete Kloster Weihenstephan.

Arbeit in einer Brau-
erei – Das Bier wurde
in offenen Trögen
gebraut

Aber zurück in die norddeutschen Gefilde. Hier wurde seit dem
13. Jahrhundert gutes Bier gebraut. In den Hansestädten brach ein
regelrechter Bierboom aus, denn Bier avancierte zum Hauptexport-
artikel der Hanse. Als im 15. Jahrhundert die Entdecker zu ihren Reisen
aufbrachen, brauchten sie nahrhafte und haltbare Lebensmittel. Die
Seefahrer schätzten ganz besonders das Braunschweiger Malzbier des
Christian Mumme.

Auch Luther war dem Biergenuss nicht abhold. Über ein Fässchen
Einbecker, das die Brauerei ihm höchstpersönlich als Hochzeits-
geschenk zuschickte, soll er sich sehr gefreut haben. Luther war es auch,
der seine Landsleute schlichtweg als Säufer bezeichnete. In den Tisch-
gesprächen von 1536 wird er mit folgenden Worten zitiert: »*Man muss
ja einem jeden Lande seine Gebrechen zugute halten. Die Böhmer fres-
sen, die Wenden stehlen, die Deutschen saufen getrost ...*«

Tatsache ist jedenfalls, dass der Gerstensaft damals wie heute in großen
Mengen genossen wurde. »*Einige leben mehr von diesem Getränk
als von richtigem Essen; alle brauchen es, Männer und Frauen, Alte,
Gesunde und Kranke*«, schrieb bereits 1551 der Chronist Johann Brett-
schneider. Kein Wunder – Bier war zu dieser Zeit ein billiges Nahrungs-

EISHAUFEN
(ungefähr 60—80 000 Zentner Eis fassend)

im Freien zum letzten Male
Winter 1896/97 aufgesetzt.

Lange Zeit musste in Brauereien mit Hilfe von Natureis gekühlt werden. Als Vorrat diente ein Eishaufen aus bis zu 4000 Tonnen Eis, der im Sommer mit Torf gegen das Abschmelzen geschützt wurde

mittel. Es war mancherorts eher genießbar als Wasser, da der enthaltene Alkohol antiseptisch wirkte. Zudem darf man nicht vergessen, dass die Menschen damals viele mit Salz konservierte Speisen zu sich nahmen, die natürlich sehr durstig machten.

In Norddeutschland trank man bis ins 16. Jahrhundert hinein meist obergärige Biere. Sie werden bei Raumtemperatur gebraut, wobei sich die Hefe nach oben hin absetzt. Obergärige Biere sind trübe, zu ihnen zählen Sorten wie das Hefeweizen oder Kräusen. Beliebt waren im Mittelalter auch die Gruit- oder Grutbiere, die aus verschiedenen Getreidearten unter Zusatz von Kräutern und Gewürzen hergestellt wurden. Hopfen war zwar schon bekannt, war aber nur eine Bierwürze unter vielen anderen.

Das Bierbrauen war in früheren Jahrhunderten eine spannende Angelegenheit. Man konnte nämlich nicht voraussehen, wie die Hefe reagierte. Oft kam es vor, dass das Bier aufgrund eines degenerierten Hefestammes schlecht oder ungenießbar wurde. Die Germanen glaubten dann, Wotan habe in den Bierkessel gespuckt. Später war die Bierhexe schuld, wenn der Gerstensaft verdarb. Diesen Irrglauben bezahlten nicht wenige Frauen mit ihrem Leben.

Erst 1881 gelang Christian Hansen die Hefereinzucht. Damit verfügten die Brauereien nunmehr über verlässliche Hefekulturen, die eine immer gleiche Bierqualität garantierten.

Im 19. Jahrhundert gelangen weitere bahnbrechende Erfindungen, die das Bier zu dem machten, was wir heute trinken. Zu nennen ist da die Kühlmaschine, die Carl von Linde 1873 erfand. Damit konnte endlich in großem Umfang untergäriges Bier gebraut werden, das Gärtemperaturen zwischen acht und zehn Grad benötigt. Zum untergärigen Bier zählen alle klaren Sorten wie Pils, Export oder Bockbier. Wichtig war auch die Erfindung des Pasteurisierungsverfahrens durch Louis Pasteur, das hygienische Verhältnisse in die Brauereien einkehren ließ.

Heute können wir wählen zwischen vielen verschiedenen Sorten: vom gewöhnungsbedürftigen Guinness über Bamberger Rauchbier und Weizen bis hin zu Kölsch und Pils, von der »Maurerpulle« bis zum feinen Premium. Seit 1998 kann in Deutschland auch Bier verkauft werden, das nicht nach dem traditionellen deutschen Reinheitsgebot hergestellt wurde, wonach das Bier ausschließlich aus Malz, Hopfen, Wasser und Hefe gebraut werden darf. Doch werden hier zu Lande die meisten Biere noch ganz traditionell erzeugt und dürfen daher den Zusatz »nach dem deutschen Reinheitsgebot gebraut« tragen. Zweimal im Jahr werden die hiesigen Brauereien überprüft, auch auf die Qualität ihres Wassers hin. Bier ist, das kann man getrost noch behaupten, eines der reinsten Lebensmittel, das uns zur Verfügung steht.

Korn

Viele Ortsfremde werden sich schon gefragt haben, wozu sich die meisten Wandergruppen im Winter Eierbecher um den Hals hängen. Ganz einfach, sie brauchen die Becher für die »Kurzen«, die es unterwegs zur Stärkung gibt. Meist ist es Korn, immer beliebter werden allerdings bunte, mit Obstaromen oder sonstigen Aromastoffen versetzte süße Spirituosen. Dies ist, ehrlich gesagt, eine Unsitte! Die zuckerhaltigen Liköre verderben nicht nur den Geschmack, sie machen außerdem nicht heiter, sondern sehr schnell betrunken und verderben den ganzen nächsten Tag.

Der klassische Kohlschnaps ist der reine Weizenkorn, auch »Klarer« genannt. Er ist mild im Geschmack, wärmt den Magen und das Gemüt

und macht, in Maßen genossen (und mehr sollte man aus Rücksicht gegen sich und seine Mitmenschen nicht zu sich nehmen) keinen schweren Kopf. Ein kluger Gastwirt hat einmal gesagt: »*Über den ›starken Geist‹ einige nette Worte zu schreiben, ist an und für sich nicht schwer; schwierig jedoch scheint es mir zu sein, sich so auszudrücken, dass die netten Worte nicht zu einem hastigen Griff nach der starkgeistigen Flasche verleiten.*«

Gerade Kohl- und Pinkel-Fahrten werden ab und an dazu missbraucht, mal richtig tief in die Flasche zu gucken. Vielleicht sollten wir hier den alten Germanen nicht nacheifern, denn die Folgen der Trunkenheit können bitter sein. So erzählte mir ein Wirt, er habe am Morgen nach einer Kohlfahrt die gesamte verkaterte Gesellschaft aus dem Bett geklingelt und zu sich bestellt, um der entsetzten Versammlung dann einen riesigen Berg zertrümmerter Stühle, Bilderrahmen und Biergläser samt saftiger Rechnung zu präsentieren. Schnaps ist eben nicht zum »Schütten« da, sondern zum Genießen. Und zu einem der schönsten Genüsse nach einer richtig deftigen Kohlmahlzeit zählt der eisgekühlte »Korn danach«.

Korn ist ein Destillat aus Weizen, Roggen oder Gerste. Es gibt auch hier deutliche Geschmacksunterschiede: Der reine Weizenkorn ist mild, Roggenkorn ist deftig-würzig.

Das Wort Destillat kommt übrigens vom lateinischen *stilla*, was soviel wie »tröpfeln« heißt. Die alten Ägypter sollen die Destillation bereits vor 5000 Jahren gekannt haben, allerdings destillierten sie keinen Alkohol, sondern Pflanzenextrakte für die Parfüms ihrer Frauen.

In Europa ist die Destillation eine Tochter der Alchimie. Und noch heute haftet ihr etwas Geheimnisvolles an. Auf der Suche nach einem Allheilmittel destillierten die Alchimisten eines Tages Wein mittels einer neu erfundenen Glasspirale, die gekühlt werden konnte, und wunderten sich über das Ergebnis: Sie hatten soeben den Branntwein erfunden. In einer technischen Abhandlung des 12. Jahrhunderts wurde erstmals die Destillation von Wein erwähnt. Die Alchimisten dachten, sie seien dem »Stein der Weisen« dicht auf der Spur, denn die neue Flüssigkeit hatte magische Eigenschaften. Sie brannte, ohne zu verbrennen – und sie berauschte. *Aqua vitae*, Lebenswasser, nannten sie dieses scharfe Elixier. Es wurde zunächst ausschließlich für pharmazeutische Zwecke oder als Betäubungsmittel benutzt. Die Herstellungsweise wurde streng geheim gehalten.

Zu Beginn des 14. Jahrhunderts schwor der italienische Arzt Arnaldo Villanova auf Schnaps als Allheilmittel und Jungbrunnen zugleich. In einer Schrift zur Erhaltung der Jugend schrieb er 1309: »*Diese dem Weine entzogene Flüssigkeit (...) verdient den Namen ›Lebenswasser‹, weil sie uns ein langes Leben beschert. Sie verlängert unsere Gesundheit, erhält uns bei gutem Humor, stärkt das Herz und konserviert die Jugendlichkeit.*«

Heute kann man diese Lobeshymne nicht ganz nachvollziehen, wenn man bedenkt, dass es sich beim aqua vitae eigentlich um Fusel handelte, um trüben, ätzend schmeckenden Rohbrannt also. Der Feinbrannt, die so genannte Rektifikation, die das Destillat von unliebsamen Geschmacks- und Geruchsstoffen befreit, war noch nicht bekannt. Wohl aber kannte man die berauschende Wirkung des »Lebenswassers«.

In Deutschland wurde der Branntwein erstmalig 1360 erwähnt. Eine Frankfurter Behörde verbot unter Androhung von Strafe, »gebrannte Wasser« unter den Wein zu mischen. Da ein Verbot ausgesprochen wurde, ist es wahrscheinlich, dass diese Unsitte bereits weit verbreitet war.

Lange konnte der Schnaps in den alchimistischen Labors und Apotheken nicht unter Verschluss gehalten werden. Das Rezept gelangte

vermutlich durch allzu schwatzhafte Alchimisten unters Volk, jedenfalls war das »Schwarzbrennen« schnell verbreitet. Als dem kein Einhalt mehr zu gebieten war, wurde ungefähr zu Beginn des 16. Jahrhunderts der Ausschank in Gaststätten und privaten Haushalten in gewissen Mengen erlaubt.

Die Destillationsverfahren wurden stetig verbessert. Im 15. Jahrhundert hatte man bereits entdeckt, dass mehrmaliges Destillieren den Brannt verfeinert. Dank der Experimentierfreude europäischer Schnapsliebhaber konnte man im 17. Jahrhundert bereits zwischen einer Vielfalt von Spirituosen wählen. Außer Wein wurden nun auch verschiedene Obst- oder Getreidesorten gebrannt. Daraus entstanden Spezialitäten wie Kirschwasser, Pflümli, Wodka, Gin, Whiskey oder Korn.

Es ist nahe liegend, dass in unseren Breitengraden Korn getrunken wird, denn Getreide gab es hier schon immer, nicht aber Wein. Auch der Korn unterliegt einem strengen Reinheitsgesetz. Das Branntweinmonopolgesetz von 1922 besagt: *»Nur der Klare darf sich Korn nennen, der aus Roggen oder Weizen oder Gerste gebrannt ist. Ohne Würz- und Aromastoffe und ohne andere Zusätze.«*

Noch bis in die Gegenwart hinein wurde Korn in so genannten landwirtschaftlichen Brennereien gebrannt. Diese Brennereien mussten sich verpflichten, mindestens 60 Prozent des Getreides selbst anzubauen. Zudem mussten sie die Schlempe, so heißt das Abfallprodukt aus dem Gärprozess des Getreides, als Viehfutter in der eigenen Landwirtschaft verwerten. Diese Brennereien arbeiteten in einem nahezu geschlossenen Kreislauf.

Heute wird Korn bis auf wenige Ausnahmen in großen Brennereien industriell hergestellt. Solche Brennereien sind, wie Brauereien auch, ein beliebtes Ausflugsziel für Betriebe oder Vereine geworden, denn hier darf natürlich auch gekostet werden. Vom Herstellungsprozess ist in den großen Brennereien allerdings nicht mehr viel zu sehen. Wer sich wirklich für den komplizierten und interessanten Vorgang des Destillierens interessiert, sollte versuchen, eine kleine Brennerei auf dem Lande zu besichtigen. Hier kann man sicher mehr sehen – und vielleicht auch gemütlicher probieren.

Wie bereite ich eine Kohl- und Pinkel-Fahrt vor?

Alles über Kohl- und Pinkel-Fahrten:
Wann die ersten Kohl- und Pinkel-Fahrten entstanden, woran man bei der Vorbereitung für eine Fahrt denken muss, wie der Kohlkönig gewählt wird, was ein Fressorden ist und wie er hergestellt wird und viele Spielvorschläge und andere Kurzweiligkeiten, um eine Kohlgesellschaft in Stimmung zu bringen.

Von der Herrentour zum Massenvergnügen

Kohl- und Pinkel-Fahrten

Kohl – das haben wir gesehen – wird aufgrund seiner vielen Vorzüge auf der ganzen Welt genossen. Doch die Kohl- und Pinkel-Fahrt ist ein typisch norddeutsches Phänomen. Zu verdanken haben wir diesen Brauch dem heute noch anzutreffenden männlichen Fluchtverhalten vor familiären Pflichten. Kaum waren nämlich die Ausfallstraßen zu Beginn des letzten Jahrhunderts einigermaßen befahrbar, gaben Väter ihren Frauen einen Kuss und ihren Kindern den guten Rat, hübsch artig zu sein, und verabschiedeten sich zu einer zünftigen Herrenland-partie mit Kohl- und Pinkelessen. Dies geschah natürlich im Winter und war ausnahmslos ein Vergnügen für wohlhabende Herren aus der Stadt. Welcher Bauer wäre schon auf die Idee gekommen, das Gericht, von dem er sich im Winter fast ausschließlich ernährte, in einer Gast-stätte teuer bezahlen zu müssen.

Die Ehefrauen kohlflüchtiger Gatten hatten einen Trost: Die Herren mussten früh heimkehren, denn die Stadttore wurden jeden Abend geschlossen. In Bremen musste man ein Strafgeld entrichten, wenn die Stadttore eigens für verspätete Heimkehrer geöffnet werden mussten.

Eine typische Kohl-
gesellschaft

Gegen Ende des 19. Jahrhunderts war es vorbei mit der herrschaft-
lichen Idylle der Landpartien. Fortan zog auch das einfache Volk in
Scharen aus der Stadt zu einem zünftigen Kohl- und Pinkel-Essen. Es
war nämlich groß in Mode gekommen, Vereine zu gründen, und zum
Pflichtprogramm eines Vereins gehörte neben dem Stiftungsfest die
Kohl- und Pinkel-Fahrt.

Was war geschehen? Reichskanzler Bismarck, der einen erbitterten
Kampf gegen die Sozialisten und damit gegen den größten Teil der
Arbeiter geführt hatte, wurde 1890 entlassen. Die Partei konnte endlich
aufatmen, denn gleichzeitig fiel das Sozialistengesetz. Dieses Gesetz
hatte es den Sozialdemokraten u.a. verboten, sich zu organisieren,
und sei es im Bienenzüchterverein. Damit war es jetzt vorbei. Arbeiter-
vereine schossen wie Pilze aus dem Boden. Kohl- und Pinkel-Fahrten
erlebten einen regelrechten Boom, denn der Weg für die winterliche
Wanderschaft zu dampfenden Grünkohlschüsseln und Fleischplatten
war nun allen frei – fast allen, denn Frauen durften zwar weiterhin den
Kohl zubereiten und auftragen, als Teilnehmerinnen einer Kohl- und
Pinkel-Fahrt waren sie aber nach wie vor unerwünscht.

Kohl- und Pinkel-Fahrt des Oldenburger Turnerbundes (OTB) Ende des 19. Jahrhunderts: »Strammer Marsch nach Berne«

Kohlfahrtstag war der Sonntag, denn bis zur Fünf-Tage-Woche sollte noch viel Wasser die Weser, Hamme und Hunte hinunterfließen. 1890 war allerdings für die Geschichte der Kohlfahrt ein in jeder Hinsicht denkwürdiges Jahr: Der Buß- und Bettag wurde nämlich vom 29. September auf Mitte November verlegt, wo er ja heute noch seinen Platz hat. Dieser trübe Feiertag im grauen Monat November eignete sich vorzüglich für eine ganz und gar nicht bußfertige Kohltour. Und bis zum heutigen Tag hat sich der Buß- und Bettag als offizieller Beginn der Kohlsaison gehalten, wenn er auch leider kein arbeitsfreier Feiertag mehr ist.

Um die Jahrhundertwende führten die Kohl- und Pinkel-Fahrten bereits in die umliegenden dörflichen Gemeinden, denn die Straßen waren jetzt immer besser ausgebaut und die Sperrstunde schon lange aufgehoben.

Mit Beginn des 20. Jahrhunderts kamen schwere Zeiten auf die Menschen zu, auch in Norddeutschland. In den Kriegsjahren fuhr kein vernünftiger Mensch zum Vergnügen aufs Land. In der Zwischenkriegszeit fanden zwar Kohlfahrten statt, sie gestalteten sich aber sehr viel bescheidener als in den Jahren vor dem Ersten Weltkrieg. Kriegsfolgen und Wirtschaftskrise bescherten den meisten Leuten leere Geldbeutel. Aber »Spaß am Leben muss man ja auch noch haben«, dachten sich die Vereine und führten so genannte »Vergnügungskassen« ein. Hier wurde meist lang und eisern gespart, um sich schließlich mit versammelter Mannschaft eine Kohl- und Pinkel-Fahrt leisten zu können.

Ende der 20er Jahre wurde es den Kohlfreunden noch schwerer gemacht, ihrem winterlichen Vergnügen nachzugehen. Gemäß den Notverordnungen dieser Jahre fielen die Kohltouren nämlich unter das »Versammlungsverbot unter freiem Himmel«. Wer trotzdem eine Kohlfahrt unternehmen wollte, musste bei der Polizei höflich um Erlaubnis bitten. Dass trotz allem auch jetzt noch viele Kohlfahrten stattfanden, zeigt folgender Hinweis aus dem Winter 1932 für Bremer Polizeireviere:

»In nächster Zeit (...) ist mit zahlreichen Kohl- und Pinkelfahrten zu rechnen. (...) Sie sind als Spaziergänge zu betrachten. Auch gegen das Mitführen von Musikinstrumenten (Handharmonika etc.) dürfte kaum etwas einzuwenden sein, wenn die allgemeinen Bestimmungen der Str.O. beachtet werden. Zweckmäßig dürfte es sein, in allen solchen Fällen nicht kleinlich zu verfahren.« Mit »Str.O.« war übrigens die Straßenordnung gemeint. Die Polizei drückte also zumeist beide Augen zu, was angesichts des unpolitischen Charakters der Kohl- und Pinkel-Fahrten auch nicht schwer war. Nur Betriebskohlfahrten wurden im Allgemeinen strenger überwacht, denn den Arbeitern traute man nicht über den Weg.

In den 30ern schafften es schließlich die Frauen, in die Männerdomäne der Kohltouren einzudringen. Und wenn die Männer sie nicht mitließen, fuhren sie eben allein. Diese Frauentouren wurden von der Männerwelt eher skeptisch beäugt. In einer Zeitungsnotiz aus dem Jahre 1934 heißt es: *»Nach dem, was man später über den Verlauf solcher Fahrten hörte, soll es dabei recht lustig zugegangen sein. Bier und Kognacs gab es zwar nicht, wohl aber strammen Kaffee und – den Gerüchten zufolge – dazwischen unter Umständen einen Likör.«* Was

»Ein Anhänger voll für 250 Leute«

Kohlfahrten vor 50 Jahren –
eine Dötlingerin erinnert sich

Fast 50 Jahre ist es nun her, den Leuten ging es im Nachkriegsdeutschland wieder etwas besser und sofort pilgerten sie scharenweise zu Grünkohl und Pinkel. Paula war damals Mädchen für alles in einer Landgaststätte. Schmunzelnd schildert sie, wie es damals war, als es den Kohl noch nicht aus der Tiefkühltruhe gab:

»Nach der Kartoffelernte, so ungefähr im Juli oder August, wurde der Grünkohl auf das freie Feld gepflanzt. Die Gaststätte hatte nebenbei noch eine Landwirtschaft und versorgte sich größtenteils selber. Das war überhaupt üblich damals. Der Kohl musste auf dem Feld ein paar Mal durchgehackt werden. Im Herbst, nach dem ersten Frost – das war meist Ende Oktober/Anfang November – konnte der Kohl dann geschnitten werden. Wir hatten im Winter um die 25 Kohlfahrten. In den Saal passten 250 Leute rein und der Saal war meistens voll. Für jede Kohlfahrt holten wir einen Tag vorher einen Anhänger voll Grünkohl frisch vom Feld. Der Kohl wurde in großen Wannen in den Saal getragen und auf dem Boden ausgebreitet. Hier haben wir dann mit drei Leuten umzu gesessen und den Kohl abgestreift. Die Gaststätte hatte einen Lichthof (Innenhof, d.A.) mit einem Brunnen in der Mitte. Hier haben wir den Kohl gewaschen und hatten oft blaue Finger, denn es war Winter und das Brunnenwasser eiskalt. Der gewaschene Kohl wurde auf Tische gelegt, damit er ablecken (abtropfen, d.A.) konnte und dann haben wir ihn klein geschnitten.

In der Waschküche musste inzwischen im großen Mantelkessel Wasser heiß gemacht werden. Wenn das Wasser kochte, kam der frische Kohl nacheinander kurz rein, damit er zusammenging, sonst hätte ja nicht alles auf einmal in den Topf reingepasst. In einem großen Topf wurde nun der gestreifte (durchwachsener, d.A.) Speck mit dem Kasseler gekocht, später kamen Kochwurst und Pinkel dazu. War das Fleisch gar, wurde die Brühe über den Kohl in den Mantelkessel gegossen und gut zwei Stunden gekocht. Dann kamen noch Zwiebeln und Hafergrütze dazu. Die Kartoffeln kochten in großen Töpfen auf dem Kohleherd.

War das Essen fertig, kamen der Kohl und die Kartoffeln in Schüsseln und das Fleisch auf Platten und das Essen wurde im Saal serviert. Manche

Gruppen aßen vorher noch eine Suppe, das kam ganz darauf an, wie viel die Leute bezahlen wollten. Zum Nachtisch gab es eingemachtes Obst.

Nach dem Essen spielte eine Kapelle, das waren Musiker aus dem Dorf, die gute Stimmung in den Saal brachten. Und wenn der Wirt etwas getrunken hatte, sang er selbst – und der konnte singen!

Wenn Gesellschaften kamen, hat er seine Gäste oft schon an der Tür begrüßt mit einem Lied. Meistens sang er »So ein Tag, so wunderschön wie heute ...«, zum Abschied sang er dann »Auf Wiedersehen, auf Wiedersehen, bleib nicht so lange fort.« Den Gästen gefiel das und viele kamen wieder.

Die meisten Gäste kamen aus Bremen und Umgebung. Die größte Kohlgesellschaft, die uns jedes Jahr besuchte, waren die Bremer Straßenbahnangestellten. Das waren so um die 750 Leute, und weil die nicht auf einmal in den Saal passten, kamen sie an drei Tagen hintereinander, immer 250 Mann. Nachmittags gab's Kaffee, dann machten sie einen Spaziergang und abends aßen sie Grünkohl. Die Küche blieb bis zum Schluss geöffnet, denn viele wollten nachts noch Brote oder Bockwurst essen. Das haben sie dann auch noch bekommen. Die Straßenbahner blieben meistens bis morgens um drei Uhr. Wenn eine Gruppe weg war, mussten wir nachts den Saal schmücken für die nächste Gruppe. Geschlafen haben wir, wenn wir Glück hatten, mal zwei Stunden zwischendurch.

Getrunken haben sie ja auch damals schon eine Menge, meistens Bier und Klaren. Einmal kam ein Mann nachts in die Küche und bestellte ein Brot. Er holte aus seiner Tasche Hartgeld und verstreute eine Menge auf dem Boden. Wir gaben ihm zurück, was wir in der Eile fanden. Das passierte mehrmals. Am Morgen habe ich noch 50 Mark zusammengefegt und beim Wirt abgegeben. Das Geld wurde nicht abgeholt und irgendwann durfte ich mir mit dem anderen Küchenmädchen das Geld teilen. Das war viel Geld für uns, wenn man bedenkt, dass wir pro Tag vier Mark verdienten, ob wir nun zehn Stunden arbeiteten oder 24, das war egal.

Wir haben aber immer zusammengehalten und den Humor nicht verloren, obwohl es eine harte Arbeit war. Und es wurde alles mit der Hand gemacht. Das war schon was anderes, als wenn man alles fertig angeliefert bekommt.«

für ein Affront! Da wagten es also wirklich die Frauen, sich allein und ohne Männer kräftig zu amüsieren!

Es folgte der Zweite Weltkrieg und mit den Kohlfahrten war es wieder vorbei. Erst 1948 luden einzelne Gaststätten in Zeitungsannoncen erneut zu Kohlfahrten ein. In den 50ern ging es dann richtig los. Lange hatten unsere Landsleute gutes Essen entbehrt und meist sogar gehungert, jetzt wurde umso emsiger reingehauen – und wo sollte das besser gehen als bei einem deftigen Grünkohlessen?

Die Kohl- und Pinkel-Fahrten sahen nun etwas anders aus, denn die Frauen hatten sich ihren festen Platz an der Kohltafel gesichert. Und wenn Männer und Frauen zusammen feiern, darf eines nicht fehlen: flotte Tanzmusik. Die Musikkapelle wurde zum festen Bestandteil einer gemischten Kohlfahrt, wobei es natürlich auch ohne geht, je nach Gusto der feiernden Gesellschaft. Die Anwesenheit der Frauen setzte jedenfalls einen anderen Akzent: Es wurde maßvoller getrunken, es ging friedlicher und gesitteter zu. Fragt man Wirte, so bestätigen sie, dass dies heute noch so ist.

In den Wirtschaftswunderjahren der 1960er wurde der kohlfahrenden Gemeinde ein Geschenk gemacht: der arbeitsfreie Sonnabend. Dieser Tag wurde nunmehr zum Kohlfahrtstag schlechthin, kann man sich doch am Sonntag wunderbar von den Folgen der Tour erholen.

Und noch etwas ist anders geworden: die Musik. In vielen Gaststätten hat der DJ bereits Einzug gehalten. CD-schwingend unterhält er die Gäste, und wenn er gut ist, hat er ein paar flotte Sprüche auf Lager. Dies muss nicht weniger unterhaltsam sein als Live-Musik. Auf dem Kohlgang verhält es sich ähnlich. Nur noch selten wird mit echten Instrumenten per Hand musiziert, auch hier hat die Elektronik das Musikinstrument fast vollständig verdrängt – schade eigentlich.

Kohlfahrten sind heute ein beliebtes Massenvergnügen, das unzählige Vereine, Betriebe, Nachbarschaftsgemeinschaften und Freundeskreise auf die Beine und an den Tisch bringt. Die norddeutsche Festzeit zwischen Buß- und Bettag und Gründonnerstag braucht sich – so gesehen – hinter dem Münchner Oktoberfest oder dem Kölner Karneval nicht zu verstecken. Nur geht eben in Norddeutschland alles ein wenig langsamer und bedächtiger zu, darum brauchen wir auch viel mehr Zeit zum Feiern.

Wie bereite ich eine gelungene Kohl- und Pinkel-Fahrt vor?

Falls Sie zu dem erlauchten Personenkreis gehören, die in ihrer Eigenschaft als Kohlkönig oder -königin die nächste Kohlfahrt ausrichten müssen oder als Mitglied eines Festausschusses die nächste Betriebskohlfahrt planen, keine Angst, denn mit einer guten Planung kann eigentlich nichts schief gehen.

Organisation ist alles

Am besten machen Sie sich eine Checkliste, auf der Sie alles notieren, was für die Kohlfahrt erledigt werden muss. Folgende Punkte sollten auf Ihrer Liste nicht fehlen:

Teilnehmer

Machen Sie sich eine Liste von allen Teilnehmern der Kohlfahrt. Soll es eine feste Sitzordnung beim Essen geben? Dann machen Sie sich Gedanken darüber, wer neben wem sitzen soll. Streithähne bitte weit auseinander setzen!

Gaststätte auswählen

Bevor Sie sich auf die Suche nach einem Lokal machen, sollte geklärt werden, ob Sie eine geschlossene Gesellschaft bleiben wollen oder an einer Sammelkohlfahrt teilnehmen möchten. Entscheidend für diese Frage ist zunächst einmal die Teilnehmerzahl. Handelt es sich beispielsweise um einen Betriebsausflug mit 100 Leuten, ist es weniger ratsam, eine Sammelkohlfahrt zu machen, es sei denn, es soll eine Mammutveranstaltung werden.

Handelt es sich um einen kleineren Verein oder eine Nachbarschaftsgemeinschaft, lohnt es schon eher, sich einer größeren Runde anzuschließen, um mal neue Gesichter zu sehen.

Diese Frage bleibt aber letztendlich den Vorlieben und Wünschen jeder Gruppe selbst überlassen.

Haben Sie sich für die Sammelkohlfahrt entschieden, wenden Sie sich gleich an größere Gaststätten. Den Gruppen, die unter sich bleiben wollen, ist ein kleines, gemütliches Lokal eher zu empfehlen, denn im Clubzimmer kann es unter Umständen recht unruhig werden, wenn im Saal nebenan mehrere hundert Leute feiern.

Die Suche nach einer geeigneten Gaststätte ist manchmal nicht einfach. Aber Sie können im Sommer bereits damit beginnen. Haben Sie bei einem Sommerausflug ein gemütliches Lokal gefunden, scheuen Sie sich nicht, über Ihren Eisbecher hinweg nach Kohl und Pinkel zu fragen. Es gibt kaum eine Gaststätte, die sich das Wintergeschäft entgehen lässt, und die ersten Buchungen im neuen Jahr erfolgen bereits zu Ostern.

Ab September erscheinen in den Zeitungen Anzeigen von Lokalen, die Kohlessen anbieten. Rufen Sie die Gaststätten an, die Ihnen interessant erscheinen und erkundigen Sie sich nach Preisen, Musik, eventueller Hin- und Rückfahrt.

Hören Sie sich im Freundes- und Bekanntenkreis um. Sicher kennt jemand aus eigener Erfahrung eine nette Kohlgaststätte.

Und wenn es mal etwas ganz anderes sein soll, wenden Sie sich an die Verkehrsvereine oder Verkehrsbüros in den Gemeindeverwaltungen der umliegenden Orte. Dort bekommen Sie eventuell ganz viel versprechende Tipps.

Selbstverständlich können Sie auch im Internet bei Ihrer Suche fündig werden, hier präsentieren sich zahlreiche Lokale als Ziel einer Kohl- und Pinkel-Fahrt, werden Sammelkohlfahrten angeboten und genaue Termine genannt. Versuchen Sie es doch einfach mal in einer der großen Suchmaschinen wie Google (www.google.de) mit dem Suchbegriff »Kohlfahrt« und Sie werden ein reichhaltiges Angebot bekommen (Internetadressen siehe Seite 205).

Wenn Sie ein Lokal ausgewählt haben, schauen Sie sich die Örtlichkeiten selbst an und sprechen Sie noch einmal mit dem Wirt alle Einzelheiten durch. Dies lässt sich wunderbar mit einem herbstlichen (oder bereits winterlichen) Ausflug verbinden, gekrönt von einem »Grünkohl-Probeessen«, das dank der Erfindung der Tiefkühltruhe auch vor dem ersten Frost bereits gut schmecken kann.

Musik

Müssen Sie Musik organisieren? Dann stellt sich zunächst die Frage: Soll es eine Tanzkapelle sein, ein Alleinunterhalter oder reicht Musik aus der Konserve?

Gute Tanzkapellen und Alleinunterhalter sind schnell ausgebucht. Hier sollte man sich wirklich bereits im Frühjahr bemühen, eine geeignete Gruppe oder Person zu finden. Die beste Informationsquelle dafür sind ebenfalls die Wirte. Stöbern Sie zusätzlich Zeitungsinserate durch, hier finden Sie entsprechende Adressen und fragen Sie Kollegen, Freunde und Bekannte. Irgendjemand hat sicher einen guten Tipp. Preisgünstiger wird die Geschichte, wenn Sie eine Kohlfahrt buchen, in der die Musik bereits mit angeboten wird.

Und sollte Ihnen der mitgebrachte CD-Player oder Kassettenrecorder reichen, brauchen Sie eigentlich nur noch an geeignete Musik zu denken.

8. Oldenburger Turnerbund. Am vergangenen Sonntage, pünktlich um 8½ Uhr morgens, marschierten an die 90 Mitglieder des Oldenburger Turnerbundes vom Pferdemarktplatze ab, um in dem gastfreien Berne, dem Hauptorte des prächtigen Stedingerlandes, braunen Kohl sich auftischen zu lassen. „Froh und frei" zog die muntere Turnerschaar, welche aus alten und jungen Genossen zusammengesetzt war, die Chaussee nach Bornhorst hinunter. Das herrliche Wetter that zur lustigen Stimmung noch ein übriges, und unter fröhlichem Geplauder ging es mit strammen Schritten vorwärts. Die Glätte der Straße mahnte zur Vorsicht, und manchmal war ein Genosse dem Straucheln nahe, aber die Behendigkeit und Gewandtheit desselben ließ es in den meisten Fällen nicht zum Ausgleiten kommen, wenn auch dann und wann ein Turngenosse unsanft mit dem Erdboden in Berührung kam. Auf dem hohen Wege jenseits Bornhorst sah man rechts und links spiegelglatte Eisflächen, doch in der Frühe des Tages bemerkte man noch wenige Schlittschuhläufer. In Mooriem, wo die Bauernhäuser eine Strecke von der Chaussee zurückliegen, waren die Fahrwege nach denselben an beiden Seiten mit schönen Eisbahnen eingesäumt und die fröhliche Jugend tummelte sich bereits auf der glatten Fläche. In kleineren und größeren Trupps, worin die Gesellschaft sich nach und nach aufgelöst hatte, wurde in Altenhuntorf ½ Stunde Rast gemacht, um sich bei einer Tasse Kaffee und einem Butterbrot ein wenig zu stärken. In Huntebrück nahm die ganze Schar, nachdem die hohe Brücke passiert war, in „Reih und Glied" Aufstellung. Hier hatte sich auch der Berner Turnverein eingefunden, um die Oldenburger Genossen zu begrüßen und abzuholen, und dann ging es unter Vorantritt der Berner Kapelle mit flatternder Fahne weiter. Die lustigen Weisen der Kapelle wechselten mit fröhlichem Gesange der Turnerschar, und „in gleichem Schritt und Tritt" war der Weg von Huntebrück nach Berne bald zurückgelegt und damit die Wanderfahrt beendet. Nach einem Marsche von 4½ Stunden in frischer Morgenluft war es kein Wunder, daß sich ein reger Appetit eingestellt hatte, doch Herr Lahusen hatte für mehr als ausreichenden Vorrat gesorgt. Es hätten noch mehr hungrige Burschen mitessen können, und dann wäre auch noch manches schöne Stück Wurst und Schinken 2c. übrig geblieben. Die Mahlzeit legte in jeder Hinsicht, nach Quantität und Qualität, ein ehrendes Zeugnis von der vortrefflichen Kochkunst der Frau Wirtin ab. Am Nachmittage wurde im nahen Ollen der Kaffee eingenommen, und gegen 5½ Uhr sammelten sich alle wieder im Saale des Herrn Lahusen, um bei einem Glase Bier noch gesellig beisammen zu sein. Zur großen Freude der Oldenburger Turner erschienen auf der Kneipe mehrere Mitglieder des Berner Turnvereins, die Berner Liedertafel und ferner 20 Mitglieder vom Turnverein Jahn-Bremen, die in Warfleth ihren Kohl gegessen hatten. Der Saal war bis auf den letzten Platz besetzt und es entwickelte sich alsbald eine recht heitere und fidele Stimmung unter den Anwesenden. Reden, allgemeine Chorgesänge, Vorträge der Berner Liedertafel, Einzelvorträge ernsten und heiteren Inhalts würzten das Beisammensein bis zur Abfahrt des Abendzuges. Mit dem Wunsche auf ein fröhliches Wiedersehen im nächsten Jahre wurde Abschied genommen, und gewiß alle Oldenburger Genossen denken mit Freuden an die wohlgelungene Kohlfahrt nach Berne zurück.

Hin- und Rückfahrt

Immer mehr setzt sich durch, dass Wirte die Hin- und Rückfahrt ihrer Kohlgäste per Bus selbst organisieren. Dies ist sehr bequem für die Gäste und außerdem viel billiger, als wenn Sie einen Bus chartern müssen. Erkundigen Sie sich bei den Wirten, ob ein solcher Service angeboten wird.

Vielleicht wollen Sie mit der Bahn fahren? Fragen Sie am Bahnhof nach Fahrplänen, Preisen und Gruppenermäßigungen. Die Bahn hat für Gruppen manchmal sehr attraktive Angebote.

Soll die Anfahrt mit dem privaten PKW stattfinden, organisieren Sie zuverlässige Fahrer.

Natürlich kann man auch mit dem Taxi fahren. Dies ist allerdings nicht ganz billig. Lohnen könnte es sich, wenn der Anfahrtsweg kurz ist und das Taxi voll besetzt.

Einladungen

Die Einladungen an die Teilnehmer sollten schon früh verschickt werden, am besten sechs bis acht Wochen im Voraus. Auf der Einladung dürfen folgende Informationen nicht fehlen: Datum der Kohlfahrt, Uhrzeit und Treffpunkt, die Kosten und das Zahlungsverfahren (wer sammelt wann ein), eventuelle Verkleidung, falls man einheitlich gehen möchte (Hüte, Regenschirme, Kohlblätter usw.), Mitbringsel (Musikinstrumente, gute Laune, und was Ihnen sonst noch einfällt). Wanderweg und Gaststätte werden jedoch geheim gehalten!

Lassen Sie sich etwas Nettes einfallen für die Aufmachung. Eine lieblos hingeworfene Kopie wirkt nicht sehr einladend – seien Sie kreativ am Computer. Sie können die Einladung aber auch auf buntes Tonpapier schreiben oder machen Sie eine Collage aus Zeitungsbildern und Fotos. Ein Sparschwein aus Kunststoff, in dessen Schlitz die Einladung gesteckt wird, macht sicher Eindruck. Sie können auch aus grünem Tonpapier ein Grünkohlblatt schneiden und darauf die Einladung schreiben. Weitere Anregungen können Sie sich in Bastelgeschäften holen, die meistens auch Literatur mit Basteltipps anbieten.

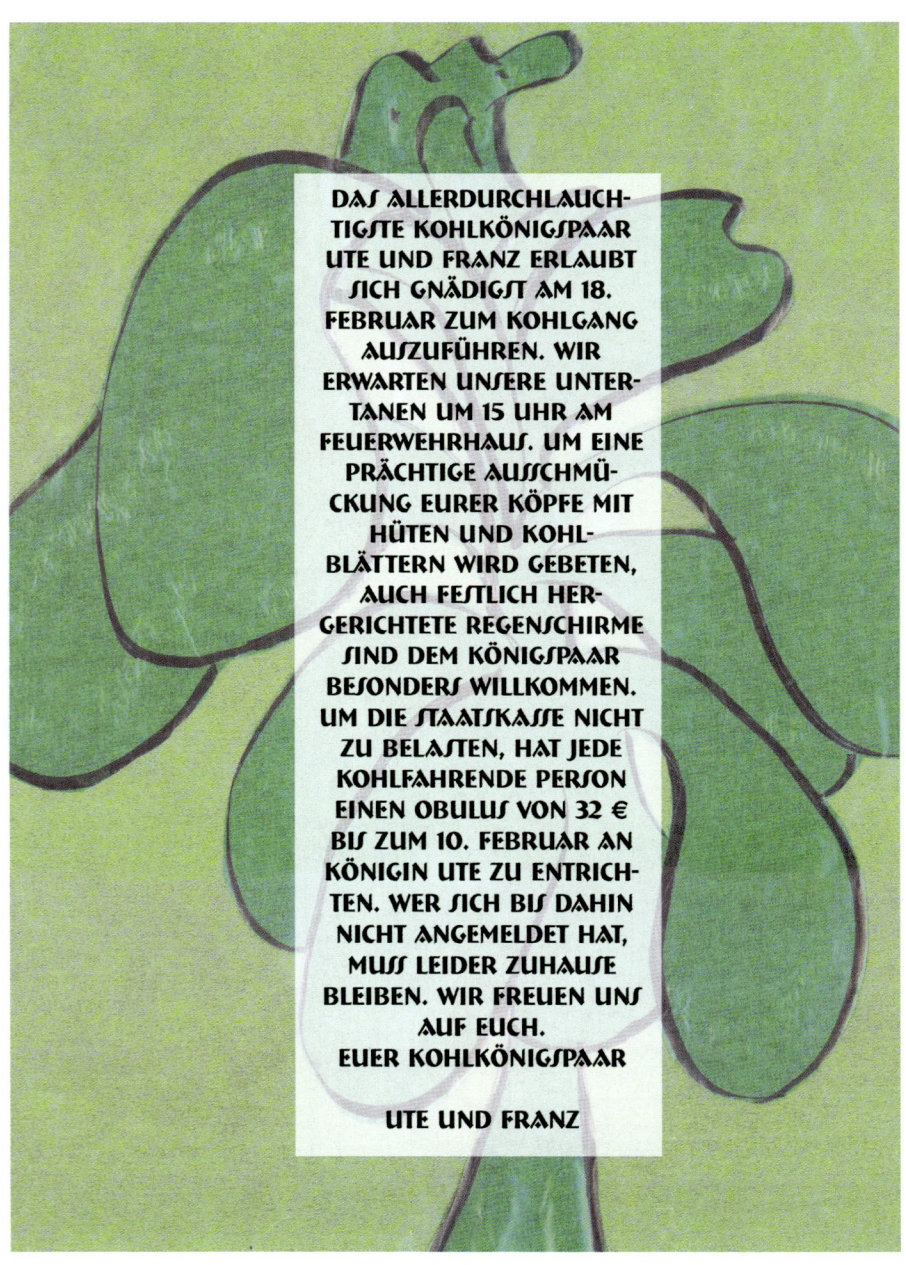

DAS ALLERDURCHLAUCHTIGSTE KOHLKÖNIGSPAAR UTE UND FRANZ ERLAUBT SICH GNÄDIGST AM 18. FEBRUAR ZUM KOHLGANG AUSZUFÜHREN. WIR ERWARTEN UNSERE UNTERTANEN UM 15 UHR AM FEUERWEHRHAUS. UM EINE PRÄCHTIGE AUSSCHMÜCKUNG EURER KÖPFE MIT HÜTEN UND KOHLBLÄTTERN WIRD GEBETEN, AUCH FESTLICH HERGERICHTETE REGENSCHIRME SIND DEM KÖNIGSPAAR BESONDERS WILLKOMMEN. UM DIE STAATSKASSE NICHT ZU BELASTEN, HAT JEDE KOHLFAHRENDE PERSON EINEN OBULUS VON 32 € BIS ZUM 10. FEBRUAR AN KÖNIGIN UTE ZU ENTRICHTEN. WER SICH BIS DAHIN NICHT ANGEMELDET HAT, MUSS LEIDER ZUHAUSE BLEIBEN. WIR FREUEN UNS AUF EUCH.
EUER KOHLKÖNIGSPAAR

UTE UND FRANZ

Einladung

Das allerdurchlauchtigste Kohlkönigspaar Ute und Franz erlaubt sich gnädigst am
18. Februar zum Kohlgang auszuführen. Wir erwarten unsere Untertanen um
15 Uhr am Feuerwehrhaus. Um eine prächtige Ausschmückung Eurer
Köpfe mit Hüten und Kohlblättern wird gebeten, auch festlich
hergerichtete Regenschirme sind dem Königspaar besonders willkommen.
Um die Staatskasse nicht zu belasten, hat jede kohlfahrende Person
einen Obulus von 32 € bis zum 10. Februar an Königin Ute zu entrichten.
Wer sich bis dahin nicht angemeldet hat, muss leider zuhause bleiben.
Wir freuen uns auf Euch.

Euer Kohlkönigspaar Ute und Franz

Das allerdurchlauchtigste Kohlkönigspaar
Ute und Franz
erlaubt sich gnädigst am 18. Februar zum Kohlgang
auszuführen.
Wir erwarten unsere Untertanen um 15 Uhr am Feuerwehrhaus.
Um eine prächtige Ausschmückung eurer Köpfe mit Hüten und
Kohlblättern wird gebeten, auch festlich hergerichtete Regenschirme
sind dem Königspaar besonders willkommen.
Um die Staatskasse nicht zu belasten, hat jede kohlfahrende Person einen
Obulus von 32 € bis zum 10. Februar an Königin Ute zu entrichten.
Wer sich bis dahin nicht angemeldet hat,
muss leider zu Hause bleiben.
Wir freuen uns auf Euch.
Euer Kohlkönigspaar
Ute und Franz

Wanderung

Nach einer ausge-
dehnten Wanderung
durch die verschneite
Winterlandschaft ...

Der Gang vor dem Kohlessen wird nur denen erlassen, die glaubhaft
machen können, dass sie nicht gut zu Fuß sind. Ausreden gelten nicht!
Trotzdem sollten Sie sich überlegen, wie lange die Kohlgesellschaft
wandern kann, ohne dass es mühsam wird. Normalerweise sollte der
Spaziergang zwei Stunden dauern, sonst stellt sich nicht der richtige
»Kohldampf« ein.

Kennen Sie keinen geeigneten Wanderweg, fragen Sie den Wirt der
Gaststätte, in der Sie gebucht haben. Er hat sicher einen Tipp. Sie
können natürlich auch selbst die Wanderkarte zur Hand nehmen.

Gehen Sie den Weg vorher ab und suchen Sie nach geeigneten Stellen
für Pausen und für eventuelle Spiele. Der Weg sollte möglichst auch
bei schlechtem Wetter begehbar sein.

Verheißt der Winter nichts Gutes, sollten Sie sich eventuell nach einem Ersatz für die Wanderung umschauen. Hier bieten sich Kegeln, Bowling oder Schießen an. Falls Sie auf den Schießstand wollen, fragen Sie beim örtlichen Schützenverein nach, ob der Schießstand benutzt werden kann.

Soll auf die Wanderung verzichtet werden, erkundigen Sie sich nach Kremserfahrten (Kutschfahrten) oder Rundtouren mit dem Trecker.

Haben Sie fußfaule Untertanen, kündigen Sie am Treffpunkt der Kohltour eine lange, anstrengende Wanderung an. Überhören Sie die Proteste und überraschen Sie Ihre Gesellschaft mit einem Kremser oder Trecker mit Anhänger, der irgendwo auf dem Weg versteckt wird.

... schmeckt der Kohl gleich noch mal so gut!

Familienkohlfahrt mit Kind und Kegel

Der Januar und Februar bieten sich für eine Familienkohlfahrt geradezu an, denn die Zeit zwischen Weihnachten und dem ersten schönen Frühlingstag ist nicht nur für Kinder eine öde Zeit.

Die Familienkohlfahrt beginnt traditionell mit einem Spaziergang. Am besten wählt man einen nahen Wanderweg, der zu Fuß zu erreichen ist. Die Wanderung sollte nicht zu lang sein, so dass Kinder und Großeltern gleichermaßen mitlaufen können.

»Latschen« ist für Kinder meist langweilig, darum sollte man für den Weg ein bis zwei Spiele organisieren. Eine Schnitzeljagd oder Boßeln macht Kindern und Eltern bestimmt Spaß. Bei schönem kalten Winterwetter oder bei Schnee kann man statt der Wanderung auch Schlitten oder Schlittschuh fahren, während die Großeltern eventuell in einem nahe gelegenen Gasthof Kaffee trinken.

Natürlich darf auch hier der Bollerwagen nicht fehlen, der traditionell mit Kohlstrünken, bunten Bändern und/oder Luftballons geschmückt wird. Statt Bier und Korn nimmt man heißen Tee und Früchtepunsch mit. Für die Erwachsenen darf es auch ein Glühwein sein. Als Wegzehrung reichen Brezeln, kleine Mettwürstchen oder Brote. Man sollte weder sich noch die Kinder vorher voll stopfen, schließlich gibt es ja noch ein deftiges Essen.

Das Kohlessen mit Kindern ist am gemütlichsten zu Hause. Die Kohlmahlzeit kann so weit vorbereitet werden, dass sie nur noch aufgewärmt werden muss, dann schmeckt der Kohl ja sowieso am besten.

Die Zeit bis zum Essen kann man überbrücken, indem sich die Kinder beispielsweise aus einer vorher zusammengesuchten Kleiderkiste

bedienen und sich verkleiden. Wenn die Erwachsenen Lust haben, tun sie es auch – schließlich ist ja Faschingszeit.

Wollen Sie in einer Gaststätte essen, erkundigen Sie sich nach den Räumlichkeiten bzw. schauen Sie sich am besten die Gaststätte vorher an. Für die Kinder sollte die Möglichkeit bestehen, nach dem Essen aufzustehen und sich zu bewegen, ohne dass es jemanden stört. Am besten eignet sich ein abgeschlossener kleiner Clubraum. Räume, die eigens für Kinder ausgestattet sind und in denen sie sich frei bewegen können, gibt es in deutschen Gasthöfen leider nur selten. Aber es gibt durchaus Häuser, in denen Kinder ausdrücklich willkommen sind.

Nach dem Essen müssen natürlich der Kohlkönig und die Kohlkönigin gewählt werden. Ein attraktives Königspaar wäre beispielsweise die Oma mit ihrem Enkel oder der Vater mit seiner Tochter.

Der »Fressorden« könnte zum Beispiel ein buntes Sparschwein sein oder eine besonders schön geschmückte Krone aus Pappe. Damit die anderen Kinder nicht traurig sind, werden sie in das Amt der Hofdamen und -herren eingesetzt und bekommen einen Trostpreis. Zum Abschluss der Familienkohlfahrt bietet sich ein Spieleabend an.

Im Bollerwagen lassen sich alle Utensilien praktisch transportieren

Unterhaltungsprogramm

Wollen Sie während der Wanderung Spiele machen? Eine gute Idee! Sie sollten allerdings beachten, dass dies ab ca. 50 Teilnehmern schwierig wird. Spieletipps können Sie dem nächsten Kapitel entnehmen. Denken Sie daran, die notwendigen Utensilien nebst kleinen Preisen für die Sieger zu besorgen.

Wanderutensilien

Die Marschverpflegung für den Kohlgang wird in den meisten Fällen in einem Bollerwagen mitgeführt. Ein ausgedienter Kinderwagen tut es aber auch. Falls Sie ein solches Vehikel nicht in der eigenen Garage stehen haben, sollten Sie sich rechtzeitig erkundigen, woher Sie ein

solches Gefährt bekommen können. Der Wagen wird geschmückt, und hier sind ihrer Fantasie keine Grenzen gesetzt. Am einfachsten geht es mit Grünkohlblättern, die mit bunten Bändern oder Luftballons verziert sind.

Machen Sie sich frühzeitig eine Einkaufsliste für die Marschverpflegung. Hierzu gehören in erster Linie die Getränke, also Bier, Korn, Wasser, Kaffee, Tee, Glühwein etc.

Eine gute Unterlage für den Magen sollte nicht fehlen. Große Brezeln, die man den Teilnehmern am Treffpunkt eventuell mit einem Band um den Hals hängt, haben sich hier bewährt. Kleine geräucherte Mettwürstchen sind ebenfalls ein guter Imbiss für zwischendurch.

Solche kleinen Snacks können übrigens auch wunderbar in einem Bauchladen angeboten werden. Aber klären Sie vorher ab, wer diesen Bauchladen trägt, denn fragen Sie erst am Treffpunkt der Wanderung, ziert sich gewiss jeder.

Lassen Sie sich was einfallen, denn die Wanderung soll Spaß machen

Außergewöhnlicher Kopfschmuck: ein Hut aus Grünkohlstrünken

Viele Kohl- und Pinkel-Gruppen bekommen ganz besonders viel Spaß, wenn sie den Korn aus einer Schlucklatte trinken dürfen. Die Schlucklatte besteht aus einem Brett, auf dem mehrere Schnapsgläser nebeneinander Platz haben. Der Spaß besteht in der Schwierigkeit, mit mehreren Personen gleichzeitig einen »Korn zu kippen«, ohne etwas zu verschütten. Die Schlucklatte gehört, falls sie gewünscht ist, mit in den Bollerwagen. Erkundigen Sie sich, ob ein solches Gerät vorhanden ist, oder ob es gebaut werden muss.

Ist das Wetter viel zu warm für die Jahreszeit? Dann gehören der Korn und andere Spirituosen in eine Kühlbox.

Die Majestäten

Wer soll Kohlkönig und Kohlkönigin werden? Und wie sollen sie es werden? Diese beiden Fragen werden Ihnen vielleicht schwer zu schaffen machen, schließlich geht es hier um den Höhepunkt der Veranstal-

tung. Soll es dem Zufall überlassen bleiben, wer König oder Königin wird, erübrigt sich weiteres Kopfzerbrechen. Müssen Sie die Nachfolger für das Kohlkönigsamt vorher auswählen, ist die Sache schon schwieriger, aber nicht unlösbar.

Ein beliebter Brauch –
Schlucklattentrinken

Es wird langweilig, wenn immer dieselben Leute das hohe Amt bekleiden. Die erste Regel heißt also: Abwechslung bei den Regenten. Informieren Sie sich, wer schon König bzw. Königin in Ihrer Gruppe war. Bei Königspaaren sollte man vielleicht ein eher ungleiches Paar den Thron besteigen lassen, sei es nun vom Alter, vom Rang oder Temperament her. Sie sollten natürlich darauf achten, dass niemand dabei kompromittiert wird. Die beiden sollten sich außerdem einigermaßen gut verstehen, schließlich sind sie es, die die nächste Kohlfahrt organisieren.

Übergehen Sie die »stillen Wasser« nicht, hier schlummert oft ein ungeahntes Potential an Humor und Ideenreichtum, was sich allgemein positiv auf die Regentschaft auswirkt.

Die Krönung

Die Krönung der neuen Kohlregenten sollte richtig zelebriert werden, schließlich ist dies der Höhepunkt der Kohl- und Pinkel-Fahrt.

Das Protokoll der Königskrönung könnte beispielsweise so aussehen: Zunächst hält der alte König oder die alte Königin eine kurze Rede, wobei »kurz« heißt: nicht länger als zehn Minuten. In der Rede kann beispielsweise die letzte Kohlfahrt angesprochen werden, die Art und Weise, wie die Königswürde erlangt wurde und was man sich von den neuen Regenten wünscht (beispielsweise eine »ausgefallene«, »schöne«, »lange« oder »kurze« Kohltour im nächsten Jahr).

Nach der Ansprache des alten Königs oder der Königin werden die neuen Majestäten auf den »Thron« geführt (ein geschmückter Stuhl). Feierliche Musik sollte dabei nicht fehlen.

Auf dem Thron bekommen die neuen Könige von den alten Regenten die Fressorden überreicht – mit den besten Wünschen für die neue Regierungszeit (ein kalter Winter, eine reiche Kohlernte, ein guter Kornjahrgang).

Nun ist es an der neuen Regentschaft, ein paar Worte an das Kohlvolk zu richten. Auch die Frauen sollten das Wort ergreifen, denn es sieht ein bisschen sonderbar aus, wenn sich die Kohlkönigin scham-

Typisch – ein Schweinekiefer als Fressorden

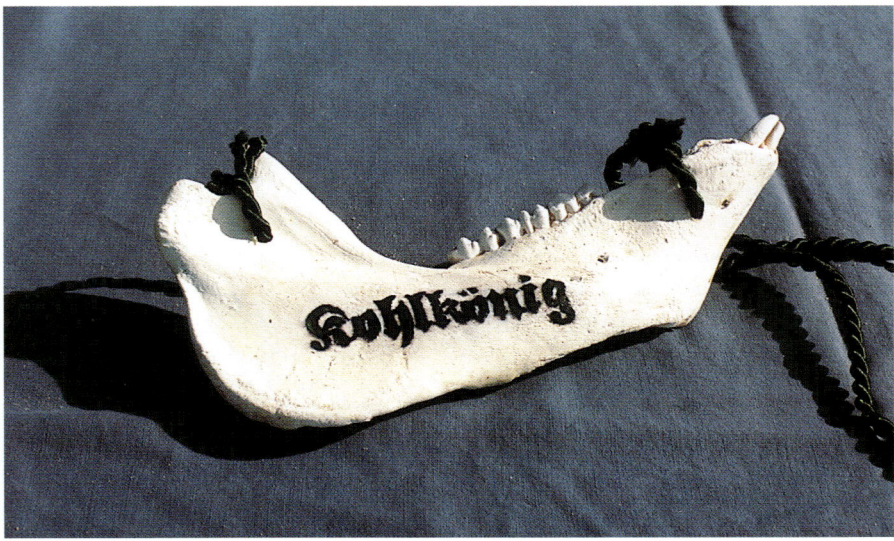

haft hinter ihrem König versteckt, um nichts sagen zu müssen. Da die neuen Regenten meistens unvorbereitet sind, sollten die Untertanen es ihnen nachsehen, wenn die Rede nur aus dem Wort »Prost« besteht.

Jetzt folgt der Ehrentanz der neuen Könige. Achten Sie hier ein bisschen auf die Vorlieben der Tanzenden. Falls jemand überhaupt nicht tanzen kann, sollte man ihm oder ihr nicht gerade einen Tango zumuten, ein einfacher Foxtrott tut es auch. Oder ist ein Rockmusikliebhaber dabei? Warum dann nicht mal ein fetziger Popsong als Ehrentanz? Es muss ja nicht immer der Schneewalzer sein.

Der Kohlkönig und die Kohlkönigin sind somit in ihr Amt eingesetzt und die Krönungszeremonie ist abgeschlossen.

Bei einigen Kohlgesellschaften ist es nun gang und gäbe, dass der Kohlkönig seine Königin küssen muss. Dies ist völlig unangebracht, denn eine Kohlfahrt ist keine Hochzeit. Auch hier gilt: Bitte nichts übertreiben!

Nach der Krönung der neuen Kohlkönige ist der offizielle Teil der Kohlfahrt vorbei. Es muss also weiter nichts organisiert werden, es sei denn, Sie wollen noch einige Spiele machen.

Spiele

Spiele können viel Spaß in eine Kohl- und Pinkel-Tour bringen. Sie passen während des Kohlgangs, vor und nach dem Essen und - bei kleineren Gesellschaften - auch während des anschließenden Tanzes. Nun gibt es Kohlgesellschaften, die ganz versessen aufs Spielen sind. Andere wiederum sind absolute Spielemuffel. Die meisten Kohlkönige und Festkomitees kennen ihre Leute und wissen daher, was und wie viel sie ihnen zumuten dürfen. Ist dies nicht der Fall, sollten Sie auf jeden Fall die Kohltour nicht mit Spielen überfrachten. Zwei Spiele während des Spaziergangs, ein Spiel vor dem Essen und eventuell eines danach, das ist mehr als genug.

Die Größe der Gesellschaft spielt ebenfalls eine entscheidende Rolle. Wie bereits gesagt, wird das Spielen ab ca. 50 Leuten schwierig, da die Spiele dann zu lange dauern.

Animation

Spiele sollten bei der Wanderung nicht fehlen

Nun gibt es Leute, die zwar gern spielen, sich aber nicht so recht trauen. Und Erster möchte sowieso niemand sein. Dies zeigt sich schon, wenn die Kohlgesellschaft aufgefordert wird, Mannschaften zu bilden. Alles

Preisverteilung

Die Preisverteilung an die Spielesieger kann ein sehr unterhaltsamer Programmpunkt des Abends werden. Wie wäre es mit folgendem Vorschlag: Ein »Preisrichter« kündigt mit großen Worten die Preisverteilung an. Jeder Sieger wird aufgerufen und muss vortreten, um seinen Preis in Empfang zu nehmen. Der Preisrichter erklärt nun dem Sieger, er habe eine »Erfolgsdiät« gewonnen und überreicht dann feierlich einen Teebeutel und zwei Stäbchen. Eine Siegerin erhält beispielsweise eine »Alarmanlage« in Form einer Trillerpfeife usw.

Weitere Preise:

Etwas für Vergessliche – kleiner Notizblock
Rauschmittel – Flasche Wein
Gymnastikgerät – Wäschegummi
Bohrmaschine – Q-Tips
Randalierendes Gericht – Dose Erbsensuppe
Spülmaschine – Abwaschbürste
Waffe für Kleinwildjäger – Fliegenklatsche
Waffe für Großwildjäger – Mäusefalle
Helfer in der Krimistunde – Fleckentferner
Gebissschoner – Babybrei
Kofferset – vier Plastiktüten
Musikinstrument – Kamm
Taschenofen – Feuerzeug
Starke Verbindung – Klebstoff
Scharfmacher – Pfeffer
Sportwagen – Spielzeugauto
Beruhigungsmittel – Schnuller
Helfer in der Not – Sicherheitsnadeln
Abstandhalter – Knoblauch
Selbstporträt – Taschenspiegel
Reiseschreibmaschine – Kugelschreiber

schaut dann verlegen zu Boden und keiner rührt sich. Trotzdem sollten Sie keine Angst haben, Spiele anzubieten. Die Leute brauchen meistens einen kleinen Schubs, und schon funktioniert die Sache.

Um Mannschaften zu bilden, können beispielsweise verschiedenfarbene Bonbons verteilt werden. Die Spieler mit den gleichfarbigen Bonbons bilden jeweils eine Mannschaft. Genauso funktioniert es mit bunten Karteikarten oder Bändern, die den Spielern angeheftet werden können. Zieren sich alle bei Spielbeginn, lassen Sie die Spieler eine Runde mit dem Schaumstoffwürfel würfeln. Wer als Erster eine Sechs würfelt, beginnt mit dem Spiel.

Wollen Sie Ihren Mitstreitern ein Spiel erklären, sollten Sie ihnen keinen trockenen Vortrag halten. Würzen Sie die Spielanleitung mit einer lustigen kleinen Geschichte. So kann man beispielsweise ankündigen, man käme gleich an eine historische Stelle, wo bereits die alten Ritter ihre Turniere ausgefochten hätten. Dies wolle man heute wieder aufleben lassen und ein altes Ritterspiel spielen. Kommen Sie an die »berühmte Stelle«, liegt dort vielleicht ein alter, mit Sand gefüllter Socken, der nun möglichst weit geworfen werden muss.

Es ist ratsam, bei jedem Spiel einen Schiedsrichter oder ein Gremium zu ernennen, das mit seiner gestrengen Aufsicht über die Einhaltung der Spielregeln wacht. Der Schiedsrichter sollte nicht gerade auf den Mund gefallen sein.

Bei der Beurteilung eines Spieles muss nicht immer der Schnellste oder diejenige mit den meisten Treffern siegen. Es können auch Schönheitspunkte vergeben werden, beispielsweise für den »anmutigsten Erbsenweitspucker« oder die »graziöseste Flossenwettläuferin«. All dies kann ein gewieftes Schiedsrichtergremium auf unterhaltsame Art vermitteln. Werden mehrere Spiele gespielt, kann man eine Art »Olympiade« veranstalten. Es wird dabei eine Siegermannschaft oder ein Einzelsieger ermittelt, der auch gleichzeitig Kohlkönig werden kann. Oft ist dies allerdings schon zu viel der Ehre. Die Hoheiten sollten eher getrennt ermittelt werden.

Spiele für den Kohlgang

Boßeln

Wer auf einer Kohltour boßeln will, kann eigentlich nichts falsch machen, denn boßeln kann jeder und es ist das traditionelle Spiel für Kohlfahrten schlechthin.

Es gibt verschiedene Arten des Boßelns: das Straßenboßeln, das Weideboßeln und das »Grünkohlboßeln«. Beim Grünkohlboßeln geht es nicht so streng zu wie bei den Profis. Die Regeln sind einfach: Geboßelt wird auf der Straße. Es gibt Straßen, die eigens fürs Boßeln ausgemessen sind. Das ist aber für das Grünkohlboßeln nicht notwendig. Man braucht lediglich eine Startlinie und ein markiertes Ziel, etwa vier Kilometer vom Start entfernt. Man kann auch über eine längere oder kürzere Distanz boßeln, dies hängt von der Kondition der Gruppe ab. Es werden zwei gleich starke Mannschaften gebildet. Geworfen wird mit einer Hartholzkugel, die man in Sportgeschäften oder in Läden mit Spielartikeln bekommt. Die Wurftechnik ist ähnlich wie beim Kegeln, die Kugel wird nicht so sehr geworfen als vielmehr über die Straße

Friesische Boßler und begeistertes Publikum zu Beginn des letzten Jahrhunderts

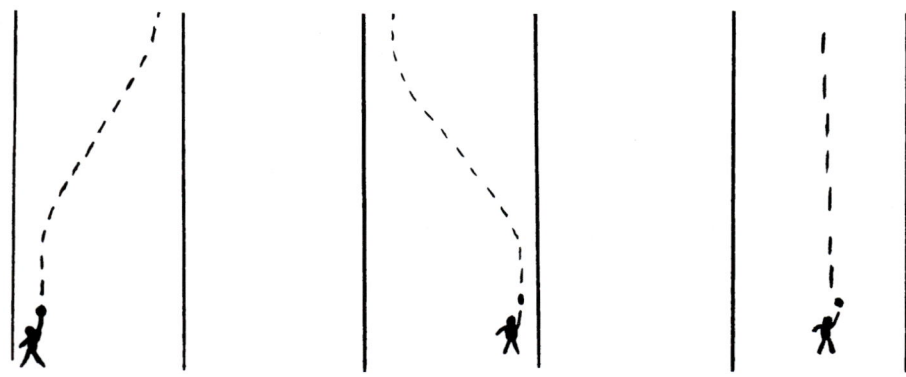

Die drei Wurftechniken der Profis für jede Geländebeschaffenheit. Von links nach rechts: övert Dum, övert Finger, liek ut Hand

gerollt. Aus der Wurftechnik muss man beim Grünkohlboßeln keine Philosophie machen, Hauptsache, die Kugel rollt irgendwie und in die richtige Richtung. Gewonnen hat diejenige Mannschaft, die mit den wenigsten Würfen das Ziel erreicht hat.

Man kann bei kleineren Kohlgesellschaften auch Einzelkämpfe durchführen, z.B. Nachbarin gegen Nachbarn, Chefin gegen Azubi usw.

Eine wichtige Regel muss allerdings eingehalten werden: Wer die Kugel in den Graben rollt, muss sie auch wieder herausholen. Der Schiedsrichter kann zur Strafe etwas zu trinken verordnen. Aber bleiben Sie sportlich: Verhängen Sie keinen Alkoholzwang.

Besenweitwurf

Ein Strauchbesen wird ab einer markierten Linie mit dem Feger voran geworfen. Eine bestimmte Wurftechnik wurde vom Deutschen Sportbund bisher nicht festgelegt, daher bleibt es jedem überlassen, mit oder ohne Anlauf zu werfen. Einzige Regel in dem Spiel: Der Besen wird geworfen und nicht getragen, die Abwurflinie darf nicht übertreten werden.

Teebeutelweitwurf

Teebeutel werden so lange ins Wasser gehalten, bis sie sich nass gesogen haben, dann werden sie fest ausgedrückt. Der Werfer nimmt einen Teebeutel am Band in den Mund, verschränkt die Arme hinter dem Rücken und schleudert den Teebeutel so weit er kann über eine Wurflinie hinaus. Der weiteste Wurf hat gewonnen.

Sockenweitwurf

Ein mit Sand gefüllter Socken wird so weit wie möglich geschleudert. Wer den Socken am weitesten werfen kann, hat gewonnen.

Wettstricken

Für dieses Spiel braucht man zwei Paar dicker Stricknadeln, auf denen einige Reihen mit möglichst dicker Wolle gestrickt sind. Es bilden sich zwei Mannschaften, die sich in Reihen hintereinander aufstellen. Jede Mannschaft bekommt ein Paar präparierter Stricknadeln. Die Spieler in den beiden Reihen müssen nun nacheinander je drei Maschen stricken und die Nadeln dann nach hinten weiterreichen. Die Mannschaft, die als erste fertig ist, hat gewonnen.

Löffel durch die Hose ziehen

Zwei Teelöffel (oder Kochlöffel) werden an einem langen Band befestigt. Es bilden sich zwei Mannschaften, von der jede einen Löffel am Band bekommt. Jeder Spieler muss nun den Löffel am Bund in die Hose stecken und durch das Hosenbein ziehen. Am Fuß wird der Löffel wieder aus der Hose herausgezogen. Die Mannschaft, deren Hosenbeine der Löffel zuerst komplett durchlaufen hat, ist Sieger.

Kugelschreiber-Dosenwerfen

Zwei Spieler treten gegeneinander an: Ihnen wird jeweils eine Schnur, an der ein Kugelschreiber hängt, hinten an die Hose gebunden. Die Kugelschreiber baumeln nun knapp über dem Erdboden. Mit wiegenden Hüftbewegungen versuchen die Spieler nun, den Kugelschreiber durch die Beine nach vorn zu schwingen. Vor den Spielern steht eine leere Getränkedose. Diese Dose muss mit dem Kugelschreiber umgeworfen werden.

Würstchen-Angeln

Würstchen werden mit einem langen Band an einen Gürtel gebunden (s.a. Kugelschreiber-Dosenwerfen). Die Spieler binden sich den Gürtel so um den Bauch, dass die Wurst hinten zwischen den Beinen herunterhängt. Mit schwingender Hüftbewegung versucht jeder Spieler, die Wurst zwischen den Beinen so weit nach vorn zu schaukeln, dass er sie mit dem Mund fangen kann. Wer zuerst von seiner Wurst abgebissen hat, ist Sieger.

Beliebte Spiele sind auch das Eierlaufen ...

Eier-Laufen

Ein hartgekochtes Ei wird auf einem Esslöffel im Mund balanciert. Mit den Händen auf dem Rücken muss ein festgelegter Parcours abgelaufen werden. Fällt das Ei herunter, darf der Teilnehmer erst weiterlaufen, wenn das Ei wieder auf dem Löffel liegt. Wer auf diese Weise zuerst an der Ziellinie ankommt, ist Sieger.

Nudeln einfädeln

Der eine Partner bekommt eine Makkaroni, der andere Partner eine Spaghetti zwischen die Lippen, dann muss eingefädelt werden - und zwar so schnell wie möglich, wer zuerst fertig ist, hat gewonnen.

Mausefallen-Schießen

Es werden zwei Mausefallen aufgestellt und aufgezogen. Zwei Spieler bekommen je einen Tennisball, mit dem sie von einer markierten Ziellinie aus versuchen müssen, die Mausefallen zuzuschießen. Die Gruppe mit den meisten Treffern hat gewonnen.

Flaschen-Staffel

Jede Mannschaft erhält zwei gleich große Flaschen. Eine der Flaschen ist mit Wasser gefüllt. Die Mannschaften stellen sich hintereinander

... oder das Nudeln einfädeln

auf. Jeder muss nun versuchen, das Wasser mit möglichst wenig Verlust in die leere Flasche umzuschütten. Die Mannschaft, die am Schluss das meiste Wasser in der Flasche übrig behalten hat, ist Sieger.

Dosen-Golf

Es werden zwei Mannschaften gebildet. Eine leere Getränkedose wird mit einem Hockey- oder Golfschläger (ein Spazierstock mit gebogenem Griff tut es auch) aus dem Stand möglichst weit geschlagen. Ähnlich wie beim Boßeln hat diejenige Gruppe gewonnen, die ihre Dose mit den wenigsten Schlägen über die Ziellinie befördern kann. Die Dose darf während des Spiels nicht ausgetauscht werden.

Erbsen-Weitspucken

Eine getrocknete Erbse wird von einer markierten Linie aus so weit wie möglich gespuckt. Der weiteste Spuckversuch zählt. Statt Erbsen kann man auch Kirschkerne o.ä. nehmen.

Flossenlauf

Die Spieler teilen sich in zwei Mannschaften auf. Je zwei Spieler ziehen Schwimmflossen an und nehmen einen mit Wasser gefüllten Spielzeugeimer in die Hand. Eine abgesteckte Strecke muss nun

gelaufen werden. Sieger ist, wer als Erster mit Wasser ins Ziel kommt. Um das Spiel noch etwas schwieriger zu gestalten, können Hindernisse aufgestellt werden. Bei diesem Spiel können außerdem Punkte für die beste »Lauftechnik« vergeben werden.
Man kann auch eine »Flossenlauf-Staffel« durchführen.

Hacken-Zielschuss

Ein Fußball wird mit dem Hacken rückwärts in ein Ziel geschossen, dies kann ein markierter Kreis, ein umgestürzter Eimer oder ein Baum sein. Wer dem Ziel am nächsten kommt oder sogar trifft, hat gewonnen.

Hochzeitslauf

Eine Strecke von ca. 30 Metern wird abgesteckt. Die Spieler müssen sich zu Paaren zusammenfinden. Die Paare werden an jeweils einem Bein zusammengebunden und müssen nun die vorgesehene Strecke zusammen bewältigen. Das schnellste Paar hat gewonnen.

Känguru-Hüpfen

Jeweils zwei Spieler erhalten einen Eimer, in dem ein Stofftier sitzt. Die Spieler müssen mit geschlossenen Füßen über eine vorgegebene Strecke hüpfen. Dabei wird der Eimer vor dem Bauch festgehalten, ohne dass das Stofftier berührt wird. Die Gruppe, die als erste alle Stofftiere ins Ziel befördern konnte, hat gewonnen. Bei kleineren Gruppen hat das schnellste Känguru gewonnen. Wer sein Stofftier auf der Strecke verliert, darf es wieder aufheben.

Sackhüpfen

Die Spieler ziehen sich einen Kartoffelsack über die Beine und halten ihn in Hüfthöhe fest. Sie hüpfen über eine vorgegebene Strecke um die Wette. Der Schnellste hat gewonnen. Es können auch Hindernisse aufgestellt werden.

Luftballon-Lauf

Es bilden sich Paare. Die Paare bekommen einen Luftballon, den sie sich zwischen die Nasen klemmen. Der Luftballon muss nun über eine Strecke von ca. 10 Metern ins Ziel transportiert werden. Das schnellste Paar hat gewonnen.

Ritterspiel

Für dieses Spiel werden zwei Mannschaften gebildet, die sich wiederum paarweise zusammentun. Der stärkere Partner bei den Paaren übernimmt die Rolle des Turnierpferdes und nimmt seinen Ritter huckepack. Der Ritter ist mit einer Lanze (einem langen Stock) ausgerüstet. Am Ende einer ca. zehn bis 15 Meter langen Strecke (je nach Kondition der Spieler) hängt ein Ring an einem Ast, etwa in Augenhöhe des Ritters. Das Turnierpferd nimmt Anlauf und bringt seinen Ritter möglichst nahe an den Ring heran. Dieser muss nun versuchen, den Ring aufzuspießen. Gewonnen hat die Mannschaft mit den meisten Treffern. Es können auch Schönheitspunkte für den elegantesten Ritt vergeben werden.

Unterwegs sollten Sie immer mal anhalten, um alle Teilnehmer zu versorgen

Rückwärtslauf

Eine Strecke von ca. 30 Metern muss rückwärts gehend, ohne sich umzuschauen, zurückgelegt werden. Wer vom Weg abkommt, scheidet aus. Sieger ist derjenige, der als Erster das Ziel erreicht.

Schubkarren-Slalom

Eine Slalomstrecke von ca. 50 Metern wird markiert und zwei Schubkarren bereitgestellt. Es werden Paare gebildet. Ein Spieler muss nun seinen Partner in der Schubkarre durch die Slalomstrecke schieben. Das schnellste Paar hat gewonnen. Wer seinen Partner aus der Schubkarre wirft, wird disqualifiziert.

Wassertragen

Für dieses Spiel müssen jeweils zwei Spielzeugeimer an beiden Enden eines Stockes befestigt werden. Jeweils zwei Spieler nehmen nun eine solche Vorrichtung auf ihre Schultern. Die Eimer sind mit Wasser gefüllt und müssen von den Spielern über eine vorgegebene Strecke getragen werden. Wer im Ziel das meiste Wasser im Eimer hat, ist Sieger. Allerdings sollte eine vorher festgelegte Zeit nicht überschritten werden.

Maulwurfsrennen

Zu diesem Spiel braucht man Paare und einen Hindernisparcours. Als Hindernisse können beispielsweise Dosen aufgestellt werden, es können aber auch natürliche Hindernisse wie Baumstümpfe oder Gräben benutzt werden. Einem Spieler werden die Augen verbunden. Sein Partner nimmt ihn an die Hand und geht mit ihm so schnell wie möglich zum Ziel. Jedes umgeworfene Hindernis und jedes Stolpern gibt einen Fehlerpunkt. Das Paar mit der besten Zeit und den wenigsten Fehlern ist Sieger.

Tauziehen

Es bilden sich zwei Mannschaften, die sich in Reihen aufstellen. Die Mannschaften stehen sich gegenüber, zwischen ihnen verläuft eine Linie. Sie nehmen das Seil in die Hand und beginnen auf ein Kommando, am Seil zu ziehen. Die Mannschaft, die ihre Gegner über die Mittellinie ziehen konnte, hat gewonnen. Wichtig ist ein starkes Seil, das nicht reißen kann, sonst kann es zu üblen Verletzungen kommen.

Schiffchen-Wettrennen

Für dieses Spiel brauchen Sie einen Fluss oder Bach auf ihrem Wanderweg. Zwei Mannschaften bekommen verschiedenfarbene Papierbögen,

so erhält beispielsweise eine Mannschaft rote und die andere blaue Bögen. Aus diesen Papierbögen falten die Spieler Schiffchen, die am Start ins Wasser gelassen werden. Nach ca. 30 Metern ist mit einer bunten Fahne ein Ziel markiert. Die Mannschaft, die die meisten Schiffchen ins Ziel bekommt, hat gewonnen.

Praktisch: Eierbecher werden an einem Band um den Hals getragen und dienen als Trinkgläser für Kurze

Kordelflechten

Es werden Dreiergruppen gebildet. Jede Gruppe bekommt drei gleich lange Seile (mindestens fünf Meter lang), die am Ende zusammengeknotet werden. Die Seile müssen auf Kommando zu einem Zopf geflochten werden, wobei die Spieler ihr Seil nicht loslassen dürfen. Sie müssen also über- und untereinander hersteigen. Die Gruppe, die in einer vorher festgelegten Zeit das längste Stück geflochten hat, ist Sieger.

Spiele zur Verdauung

Kartoffeln schälen

Jeweils zwei Spieler sitzen sich mit einer Schüssel Kartoffeln auf dem Schoß gegenüber. Innerhalb einer vorgegebenen Zeit müssen möglichst viele Kartoffeln geschält werden. Gewonnen hat der Spieler, der am meisten Kartoffeln von ihrer Schale befreien konnte, und zwar vollständig! Aber passen Sie auf ihre Finger auf.

Strumpfloch stopfen

Dies ist ein Spiel für kleine Kohlgruppen. Jeder Spieler erhält einen Socken mit einem nicht allzu großen Loch. Nadel und Stopfwolle sollten schön dick sein, wenn Sie nicht den gesamten Abend mit Strümpfestopfen verbringen wollen. Wer als Erster sein Loch gestopft hat, ist Sieger.

Lakritzschnecken-Wettessen

Die Spieler bekommen jeweils eine abgewickelte Lakritzschnecke. Sie stellen sich in einer Reihe auf und verschränken die Arme auf dem Rücken. Sie versuchen nun, die aufgerollte Lakritzschnecke aufzuessen. Der schnellste Esser hat gewonnen.

Salzstangen-Wettessen

Es bilden sich Paare. Jedes Paar bekommt eine Salzstange. Die Paare stellen sich so auf, dass sie sich ins Gesicht schauen, und verschränken die Arme auf dem Rücken. Jeder nimmt ein Ende der Salzstange in den Mund. Auf Kommando beginnen die Paare, ihre Salzstange aufzuessen. Fällt einem Paar das Gebäck herunter, scheidet es aus. Das schnellste Paar ist Sieger.

Bierkrüge-Stemmen

Die Spieler bekommen einen vollen Bierkrug, den sie mit ausgestrecktem Arm so lange wie möglich in der Luft halten müssen. Wer es am längsten durchhält, hat gewonnen. Statt eines Bierkrugs kann auch ein schweres Buch genommen werden.

Ballonköpfen

Dies ist ein Spiel für jeweils zwei Spieler. Es wird eine Linie von ca. vier Metern markiert. Am Ende dieser Linie hängt ein Korb in einer Höhe von ca. 1,70 Meter. Als Träger eignet sich ein Garderobenständer oder ein Mitglied der Kohlgesellschaft. Die Spieler stellen sich nebeneinander auf, zwischen ihnen verläuft die Linie. Die Spieler köpfen sich nun den Ballon über die Linie zu, ohne diese zu übertreten. Dabei versuchen sie möglichst schnell zum Korb zu kommen. Zuletzt muss der Ballon im Korb landen. Das Paar mit der besten Zeit hat gewonnen.

Bierdeckel-Torwurf

Wir brauchen einen Werfer, einen Torwart samt Tor, einen Schiedsrichter samt Trillerpfeife und zehn Bierdeckel. Ein Tor kann schnell aus zwei Stühlen hergestellt werden. Ab einer markierten Linie, die nicht übertreten werden darf, wirft der Werfer nach dem Anpfiff seine Bierdeckel ins Tor. Der Torwart versucht die Deckel abzuwehren. Der Schiedsrichter wacht über die Einhaltung der Regeln und bestraft jedes »Foul« mit einem »Elfmeter«. Der Werfer mit der

höchsten Trefferzahl hat gewonnen. Der beste Torwart bekommt ebenfalls einen Preis.

Wettangeln

Die Spieler bekommen jeweils eine Angel und einen Eimer. Die Angel besteht aus einem Stock mit einem Band, an dessen Ende eine zum Haken gebogene Büroklammer hängt. Die Spieler sitzen im Stuhlkreis. In der Mitte liegen aus Papier gefaltete Dreiecke, die nun geangelt werden müssen. Wer nach einer bestimmten Zeit die meisten Dreiecke im Eimer hat, ist Sieger.

Tennisball-Parcours

Ein Spieler versucht, auf den Knien rutschend, zwei Tennisbälle auf Esslöffeln in ein ca. fünf Meter entferntes Ziel zu befördern. Dies kann ein Eimer oder Teller sein. Die anderen stehen am Rand des Parcours und bewerfen ihren Mitspieler mit Luftballons. Fällt ein Tennisball herunter, darf er auf den Löffel zurückgelegt werden. Beim Verlust beider Bälle scheidet der Spieler aus. Der schnellste Tennisball-Transporteur ist Sieger.

Federpusten

Es werden Gruppen von drei bis fünf Leuten gebildet. Diese müssen versuchen, eine Feder durch Pusten möglichst lange in der Luft zu halten. Die Gruppe mit der meisten Puste gewinnt.

Einbein-Fußball

Auf dem Boden werden mehrere Kreise markiert, z.B. mit Hula-Hoop-Reifen. Die Spieler stellen sich auf einem Bein in jeweils einen Kreis. Jeder Spieler bekommt einen Luftballon, den er mit dem freien Bein so lange wie möglich in die Luft kicken muss. Das Standbein darf nicht gewechselt werden. Wer dies am längsten aushält, ist Sieger.

Gesäß-Kriechen

Die Spieler setzen sich auf den Boden und versuchen mit vorgestreckten Armen eine Strecke von ca. fünf Metern rutschend zurückzulegen. Wer zuerst im Ziel ist, hat gewonnen. Für dieses Spiel ist es ratsam, sich eine alte kurze Hose überzuziehen. Es sieht zudem noch lustig aus.

Klamottenlauf

Für dieses Spiel werden zwei Stühle nebeneinander gestellt. Auf den Stühlen liegen jeweils fünf Kleidungsstücke (z.B. Hut, Strumpf, Schal, Hose, Mantel). Zwei Spieler treten gegeneinander an. Ab einer markierten Linie, die etwa zehn Meter von den Stühlen entfernt ist, laufen sie los bis zu ihrem Stuhl. Hier ziehen sie sich jeweils ein Kleidungsstück an und laufen zur Startlinie zurück. (Es kann auch ein weiterer Stuhl sein, der umrundet werden muss.) Das Spiel beginnt von vorn, bis die Spieler alle Kleidungsstücke angezogen haben. Gewinner ist derjenige, der als Erster vollständig bekleidet hinter der Startlinie oder dem Stuhl steht.

Maulwurfstasten

Ein Spieler wird ausgelost. Ihm werden die Augen verbunden. Die übrigen Spieler stellen sich im Kreis um ihn herum auf. Der Spieler im Kreis muss nun versuchen, innerhalb einer vorgegebenen Zeit möglichst viele Leute im Kreis durch Abtasten zu erraten. Wer identifiziert wurde, geht aus dem Kreis heraus. Der Spieler mit der höchsten Trefferquote gewinnt.

Sautreiben

Es wird ein Hindernisparcours von ca. zehn Metern aus Dosen, Blumentöpfen, Büchern o.ä. aufgestellt. Die Spieler müssen mit einem Stock eine liegende Flasche über den Parcours rollen. Wer es in der kürzesten Zeit schafft, ist Sieger.

Schlangenzüchten

Die Spieler bekommen jeweils ein DIN-A4-Blatt. Aus diesem Blatt soll nun innerhalb einer vorgegebenen Zeit eine möglichst lange, zusammenhängende Schlange gerissen werden. Nach Ablauf der Zeit werden die Schlangen zum Messen nebeneinander auf den Boden gelegt. Die längste Schlange hat gewonnen.

Zimmermann

Für dieses Spiel benötigen Sie einen stabilen Balken, einen nicht zu kleinen Hammer und große Nägel. Die Spieler sollen mit möglichst wenig Hammerschlägen einen Nagel vollständig in den Balken schlagen. Wer die wenigsten Hammerschläge braucht, ist Sieger.

Langer Atem

Auf dem Boden liegt auf einer markierten Linie ein Tischtennisball. Die Spieler sollen nacheinander versuchen, den Ball liegend mit einem Atemzug möglichst weit zu pusten. Derjenige mit dem »längsten Atem« hat gewonnen.

Autorallye

Jeder Spieler bekommt ein kleines Spielzeugauto, das an einem Band hängt (ca. fünf Meter). Die Spieler stellen sich in einer Reihe auf und rollen das Band auf. Das Auto, das als erstes über eine Ziellinie gezogen wird, hat das Rennen gewonnen.

Gefangenen-Befreiung

Die Spieler sitzen im Kreis. Jeder wird mit Hilfe eines Gummirings (z.B. Einmachgummi) »gefesselt«. Der Ring wird über den Kopf gezogen, so dass er über den Ohrläppchen und zwischen Nase und Oberlippe liegt. Ein »Gefangenenaufseher« bewacht die Gefesselten. Sobald er ihnen den Rücken zukehrt, versuchen die Spieler, ohne Hände und mit Hilfe fürchterlicher Grimassen, den Gummiring loszuwerden, indem sie ihn bis zum Hals befördern. Sobald sich der Gefängniswärter wieder seinen Zöglingen zuwendet, erstarrt jeder in seiner Grimasse. Der Spieler, dessen Fessel zuerst um den Hals hängt, hat gewonnen. Bei diesem Spiel können auch zwei Mannschaften gebildet werden.

Reisangeln

Die Spieler bekommen jeweils einen Teller mit einem Häufchen Reis und zwei Stricknadeln. Die Reiskörner müssen nun mit Hilfe der Stricknadeln über den Tellerrand gehoben werden (nicht geschoben!). Wer als Erstes seinen Teller leer hat, ist Sieger.

Tanzspiele

Lange Reihe

Ein Tanzmeister geht mit einem langen, bändergeschmückten Stock zur Musik durch die Reihen und fordert schließlich eine Frau auf, ihm zu folgen, indem er vor ihr stehen bleibt und mit seinem Stock auf den Boden klopft. Die beiden gehen weiter. Als Nächstes wird ein Mann aufgefordert, sich der Reihe anzuschließen. So geht es weiter, bis die ganze Gesellschaft nach einer flotten Musik hinter dem Tanzmeister herschreitet. Es können Polonaisefiguren angefügt werden. Die lange Reihe löst sich in einem schnellen Tanz auf.

Korb geben

Am Rand der Tanzfläche stehen drei Stühle. Auf dem mittleren Stuhl sitzt eine Frau mit einem bunt geschmückten Korb in der Hand. Sie fordert zwei Männer auf, sich neben sie zu setzen. Einen der Männer fordert sie zum Tanz auf, der andere bekommt den Korb. Der Sitzengebliebene fordert nun seinerseits zwei Frauen auf, sich neben ihn zu setzen. Das Spiel wird fortgesetzt, bis alle tanzen.

Aschenputtel

Die Frauen ziehen jeweils ihren linken Schuh aus und legen ihn in die Mitte der Tanzfläche. Die Männer fischen sich einen Schuh heraus und suchen die dazugehörige Frau, mit der sie dann eine Runde tanzen. Andersherum geht es natürlich auch.

Arche Noah

Es werden Kärtchen vorbereitet, auf denen Tiernamen stehen. Von jeder Tierart muss je eine Karte für das Weibchen und das Männchen vorhanden sein. Die Frauen bekommen die Karten mit den weiblichen Tiernamen, die Männer die männlichen Pendants. Jeder hält geheim, welches Tier er gezogen hat. Der Tanz beginnt und wird mehrmals unterbrochen. Bei den Unterbrechungen macht jeder sein Tier nach: Der Hahn kräht, die Henne gackert, Wolf und Wölfin heulen usw. Auf diese Art muss jeder so schnell wie möglich seinen Partner finden. Paare, die sich gefunden haben, gehen von der Tanzfläche herunter.

Steckbrief

Die Frauen schreiben innerhalb einer vorgegebenen Zeit ihren Steckbrief auf ein Stück Papier. Die Zettel werden in einem Hut, einer Schale o.ä. gesammelt. Die Männer ziehen sich einen Brief heraus und suchen nun die passende Person. Natürlich können auch die Männer ihren Steckbrief schreiben. Paare, die sich gefunden haben, tanzen eine Runde.

Huttanz

Einem Tanzpaar wird ein Hut gegeben, den einer der beiden aufsetzt. Während die Musik spielt, muss der Hut dem Tänzer eines anderen Paares aufgesetzt werden. Wenn die Musik stoppt, scheidet das Paar aus, das gerade im Besitz des Hutes ist. Das letzte Tanzpaar erhält einen Preis.

Zeitungstanz

Jedes Paar bekommt eine große Zeitungsseite, die auf den Boden gelegt wird. Die Paare dürfen nur auf der Zeitung tanzen. Sobald die Musik stoppt, wird die Zeitung einmal zusammengefaltet. Der Tanz geht weiter. Die Zeitung wird bei jeder Musikunterbrechung gefaltet. Wer über das Papier tritt, scheidet aus. Das Paar, das als letztes auf der Zeitung tanzt, hat gewonnen.

Apfeltanz

Jedes Paar bekommt einen Apfel, den es sich zwischen die Stirn klemmt. Es darf die Frucht beim Tanz nicht verlieren. Fällt einem Paar der Apfel herunter, scheidet es aus. Das Paar, das den Apfel am längsten festhalten kann, ist Sieger. Statt eines Apfels kann auch ein Luftballon genommen werden. Wer es ganz intim mag, nimmt eine Streichholzschachtel.

Kohl(fahrt)weisheiten

Ton bruunen Kohl hört Speck und Malligkeit, meinten schon die Kohlfahrer früherer Generationen und ließen es sich wohl ergehen bei Grünkohl mit Pinkel. Auf die Idee, die Kalorien bei einer Kohlmahlzeit zu zählen, kam dabei niemand, im Gegenteil: Man ermunterte sich gegenseitig zum Essen, denn *ett Kohl, denn sitt di de Rock wohl.* Eng sitzen durfte der Rock bei einer deftigen Kohlmahlzeit allerdings nicht, denn man wollte ja auch nichts verkommen lassen. So hielt man sich an die Regel: *Beter dat de Buuk barst, as dat de Kohl verdarft.* Es gab dabei allerdings einige Berufsgruppen, denen man aufgrund ihrer vorwiegend sitzenden Tätigkeit in geschlossenen Räumen vom Kohlgenuss abriet, denn *Kohl is goot förn Smidt, aber nich förn Snieder.*
Geriet die Kohlgesellschaft an einen Wirt, der mit den Fleischbeilagen geizte, gab man sich auch schon mal mit weniger zufrieden. *Beter ne Luus in Kohl as gar kien Speck,* sagten sich die Leute. War der Kohl aber ungenießbar, schleppte man den Koch zu seinen Töpfen und ließ ihn seine Speise selbst verzehren, denn *jeden mutt sien Kohl äten, as he em kokt hett.*
Kohlfahrtmuffeln wurde vorgeworfen, *he blifft achter sien Mudder Kohlpott sitten,* und kam jemand auf einer zünftigen Kohltour partout nicht in Stimmung, dann hieß es, *man weet nich, ob man mit em in de Röven is oder in Kohl.* Aber *dat maakt den Kohl nich fett.* Auch beim Wetter spielte der Kohl eine Rolle, denn *verdarft mien Heu, denn wasst mien Kohl,* und wer nicht genug bekam und noch im Frühjahr auf Kohltour ging, rechtfertigte sich mit den Worten: *Dat is good Weer för lüttje Lüe un laaten Kohl.*

Die Kohlmajestäten

Wer bekommt den Fressorden? Diese Frage lässt spätestens beim Essen die gesamte Grünkohlgesellschaft unruhig auf ihren Stühlen hin- und herrutschen. Es entscheiden entweder der größte Appetit, der Zufall oder der Festausschuss, wem der Orden dieses Mal überreicht wird. Die Kür von Kohlkönig und Kohlkönigin kann sehr unterhaltsam gestaltet werden. Wer die Qual der Wahl hat, kann sich auf den folgenden Seiten inspirieren lassen.

Der größte Magen

Grünkohl-Traditionalisten wählen nach wie vor die größten Esser für das Amt des Kohlkönigs aus. Hierzu wird ein Schiedsrichter ernannt, der die Kohlgesellschaft beim Essen genau beobachtet. Bei größeren Gruppen können auch mehrere Schiedsrichter amtieren. Wer auf Nummer sicher gehen will, wiegt die Teilnehmer vor und nach dem Essen und führt eine genaue Liste darüber, wie viel jede Person vor und nach dem Essen auf die Waage bringt. Das Wiegeteam ermittelt so aufs Gramm genau, wer am meisten gegessen hat.

Dieses Verfahren hat allerdings den Nachteil, dass bei Kohlgesellschaften, die meistens mit der gleichen Besetzung losziehen, immer dieselben Leute den Fressorden bekommen.

Der präparierte Teller

Unter einen Teller wird ein Aufkleber geklebt. Der Aufkleber kann beschriftet sein, etwa mit den Worten: »Wir gratulieren der königlichen Hoheit zu Ihrer neuen Würde.« Der Aufkleber kann auch unter einem Stuhl angebracht werden. Wird vorher festgelegt, wer den Fressorden bekommen soll, muss eine feste Sitzordnung eingehalten werden. Diese Methode ist allerdings vielen bekannt. Es gibt Kohlgesellschaften, die, bevor sie sich setzen, Teller und Stühle umdrehen, um zu prüfen, ob da etwas klebt.

Sternchen

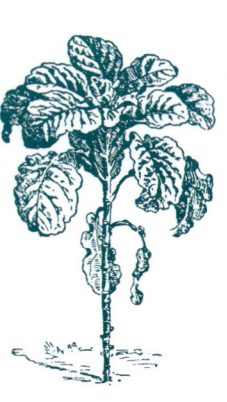

Die Kohlgänger bekommen Sternchen in verschiedenen Farben auf die Stirn geklebt. Die beiden mit den gleichfarbigen Sternchen sind das neue Königspaar. Bei Einzelkönigen ist es der-/diejenige mit einer vorher festgelegten Farbe.

Schraube und Mutter

Kohlessen inter-
national – in Shanghai

Die Männer bekommen je eine Schraube, die Frauen eine Mutter. Die Schrauben und Muttern sind so ausgewählt, dass nur eine Schraube zu einer Mutter passt. Das Paar, das diese Teile erwischt hat, wird zum Königspaar ernannt.

Puzzle

Es werden Puzzleteile aus einem Kinderpuzzle verteilt. Die Teile müssen schön groß sein.

Man sollte sie so präparieren, dass nur zwei Teile zusammenpassen (man kann auch Teile aus verschiedenen Puzzles nehmen). Das Paar mit den passenden Teilen ist das zukünftige Königspaar.

Zettelkasten

In einem Hut (Dose oder Karton tun es auch) liegen so viele Zettel, wie Leute an der Kohlfahrt teilnehmen. Auf den Zetteln stehen

Sprüche, z.B.: »Ach wie gut, dass niemand weiß, dass ich Rumpelstilzchen heiß«, oder »Ich sprach: Wasser werde Wein, doch das Wasser ließ dies sein« und dergleichen Blödeleien mehr. Der Fantasie sind hier keine Grenzen gesetzt. Auf einem oder zwei Zetteln steht: »Ich bin Kohlkönig(in).« Die Zettel müssen in der Runde vorgelesen werden.

Wer hat das Schweinchen?

Es werden Streichholzschachteln verteilt, in denen Gummibärchen stecken. Die zukünftigen Könige finden statt eines Bärchens ein kleines Schwein in ihrer Streichholzschachtel.

Krone per Post

Ein »Postbote« verteilt Briefe an die Kohlgäste. Jeder bekommt einen Brief. In den Umschlägen kann alles Mögliche stecken: Zeitungsausschnitte, Bilder, Konfetti. In den Umschlägen für die Kohlmajestäten stecken zusammengefaltete Papierkronen.

Arbeitsamt

Die Teilnehmer stellen sich in einer Reihe vor dem »Arbeitsamt« auf, das aus einem Tisch besteht, hinter dem ein »Arbeitsvermittler« sitzt. Dieser verteilt, nachdem er jeden nach seinen speziellen Fähigkeiten befragt hat, an die Arbeitsuchenden je einen Umschlag. In dem Umschlag steckt ein Zettel, auf dem eine »Arbeit« beschrieben steht, die ausgeführt werden muss, z.B. Getränke holen, Aschenbecher leeren, Staub wischen. Der zukünftige Kohlkönig, die zukünftige Königin bekommen die Anweisung, das Kohlvolk ein Jahr lang zu regieren.

Prominenten-Raten

Jeder bekommt einen Zettel auf den Rücken geheftet, auf dem eine Person eines berühmten Paares steht, z.B. Boris oder Steffi, Dick oder Doof. Zunächst muss jeder durch Fragen erraten, wer er ist. Die Frage »Wer bin ich« ist natürlich verboten. Wer herausgefunden hat, was auf seinem Zettel steht, geht auf die Suche nach seinem Partner. Auf den Zetteln des Königspaares steht z.B. »Charles und Diana«, oder einfach »Kohlkönig und Kohlkönigin«.

Schatztruhe

Eine Truhe (Kiste oder Koffer gehen auch) wird mit einem Vorhänge-schloss verschlossen. Wird ein Königspaar gewählt, müssen es zwei Schlösser sein. Alle Teilnehmer bekommen einen Schlüssel. Diejenigen Personen, deren Schlüssel passen, haben sich die Königswürde für ein Jahr erworben. In der Truhe kann beispielsweise der Fressorden liegen oder ein Preis.

Kohlkönigs-Quiz

Ein Quizmaster (alter König, alte Königin) erklärt der Kohlgesellschaft, dass die Nachfolger für das Kohlkönigsamt bereits gewählt seien. Das Kohlvolk müsse jetzt seine neue Herrschaft erraten. Der Quizmaster darf nur mit »Ja« oder »Nein« auf die Fragen des »Volkes« antworten. Wer die neuen Könige errät, bekommt einen Preis.

Überraschung

Dies ist eine Methode für alle, die es kurz und schmerzlos lieben. Der alte Kohlkönig, die alte Kohlkönigin kommt mit einem Mantel (Jacke) herein und fragt völlig arglos in die Runde, wem das Kleidungsstück gehört (bei Königspaaren müssen entsprechend zwei Mäntel oder Jacken genommen werden). Diejenigen, die sich melden, dürfen zur Krönung schreiten.

Fressorden

Zu den unverzichtbaren Insignien eines Kohlregenten gehört der Fressorden. Ohne ihn kann weder der Kohlkönig noch die Kohlkönigin regieren.

Der Fressorden wird oft von einer Regentschaft zur nächsten weitergereicht, wobei die verschiedenen Herrschaftshäuser auf dem Orden verewigt werden. Bei einem solchen Traditionsstück handelt es sich meistens um eine Kette, an der Plaketten in Form eines Schweins hängen, für jede Regentschaft ein eigenes. Die Namen der Könige sind mit dem Jahr ihrer Regentschaft eingraviert. Eine solche Kohlkönigskette erhält man z.B. beim Uhrmacher oder Juwelier, der auch die Gravuren macht.

Der wahrscheinlich ältere und urtümlichere Fressorden besteht aus einem bemalten Schweinekieferknochen. Die Namen der Kohlkönige können auf gravierten Plaketten angehängt werden. Der Schweineknochen muss beim Schlachter bestellt werden.

Bevor er zum Orden umfunktioniert werden kann, muss der Knochen einige Stunden abkochen, damit auch die letzten Fleischreste entfernt werden können. Der blanke Knochen ist dann fertig zum Bemalen und Beschriften. Außerdem braucht man ein Band oder eine Kette zum Umhängen des Ordens.

Mal was anderes

Immer beliebter werden originelle Fressorden, die statt Kette oder Knochen verliehen werden. Man kann sie den Kohlmajestäten auch zusätzlich zu den klassischen Insignien überreichen.

Urkunde

Durchgesetzt hat sich hier die Urkunde. Fertige Urkunden (ohne Namen natürlich) kann man in verschiedenen Druckereien oder im Schreibwarengeschäft kaufen. Man kann natürlich auch eine Urkunde selbst entwerfen oder drucken lassen.

Königshut

Wie wäre es zur Abwechslung mit etwas ganz anderem, vielleicht ein Strohhut, geschmückt mit Goldlametta oder Sternchen aus Gold-

Kohlkönig mit Erbfolge – Königs-Dynastien auf Plaketten

papier? Als »Krönung« wird auf dem Hut ein Schnapsglas oder Eierbecher nebst kleiner Schnapsflasche befestigt.

Kette zum Verzehr

Statt eine Kette mit Plaketten zu versehen, kann man sie auch mit kleinen Flachmännern und Mettwürstchen behängen.

Ehrennadel

Eine »Ehrennadel« steht dem Kohlkönig oder der Kohlkönigin sicher auch gut. An einer großen Sicherheitsnadel wird eine Rose aus Krepp-Papier befestigt. In der Mitte der Rose steckt ein kleines Schweinchen, ein Schnapsglas o.ä.

Krone

Die königlichen Häupter können natürlich auch mit einer Krone geschmückt werden. Die Krone kann man aus Pappe machen und mit Goldpapier bekleben. Rundherum kann die Krone mit Schweinchenfiguren verziert werden.

Zepter und Apfel

Den hohen Herrschaften können auch Zepter und Reichsapfel in Form eines Kochlöffels und eines (vergoldeten) Kunststoffapfels oder -balls überreicht werden.

Bekränzte Häupter

Ein Kranz aus künstlichem Efeu, garniert mit kleinen Schweinchen, steht den königlichen Häuptern sicher auch sehr gut.

Königsmantel

Ein selbst genähter Umhang aus rotem Taft, beklebt mit verschiedenen Figuren (Schweinchen, Würste, Grünkohlstaude) wird das Kohlvolk ebenfalls beeindrucken.

Kohlschuh

Oder ein echter »Kohl-Wanderschuh« (aus der letzten Altkleidertüte gerettet), bunt bemalt und bestückt mit einer guten Flasche Korn. Falls Sie keine Buddel verschenken wollen, nehmen Sie eine Mettwurst als Füllung für den Schuh; es heißt ja schließlich »Fressorden« und nicht »Sauforden«.

Wenn man es originell mag, kann man sich zum Thema »Fressorden« einiges einfallen lassen. In Geschäften mit Bastelbedarf findet man sicher noch mehr Anregungen für seinen ganz individuellen Fressorden.

Doppelte Portion

Seit Tagen hatte sich der Bremer Außenhandelskaufmann Hermann Kröger von Kröger, Wellmann & Co. auf das häusliche Kohl-und-Pinkel-Essen gefreut. Es war vorzüglich zubereitet und nun war Kröger drauf und dran, sich zu einem dringend erforderlich gewordenen Mittagsschläfchen zurückzuziehen. Da fiel ihm siedendheiß ein, dass er einen wichtigen Mittagstermin verschwitzt hatte. Es war die Einladung eines ihm sehr verbundenen Geschäftsfreundes zu einem Mittagsessen im Ratskeller.

Nun war allerdings noch nichts verloren. Bei Krögers zu Hause wurde immer sehr früh gegessen. Spätestens um halb zwölf stand das Essen auf dem Tisch. Die Einladung aber war auf halb zwei terminiert.

So kam es, dass Hermann Kröger ohne allzu große Hast und halbwegs pünktlich im Ratskeller eintrudelte, wo er von seinem Geschäfts-

Nach einer aus großen Kummen gefüllten Hühnersuppe gab es der Jahreszeit gemäß Kohl und Pinkel und zwar in einer Fülle, die eine Kompanie des 75. Infanterie-Regiments »Bremen« hätte sättigen können.

Kröger aß, nachdem er die Austern noch halbwegs genossen hatte, zwei ihm aufgenötigte Teller Suppe und langte auch – von Schöller immer wieder animiert – bei Kohl und Pinkel kräftig zu, nicht, weil er hungrig war, sondern weil er musste und sich obendrein dem vorwurfsvollen Blick des ihm bekannten Obers nicht aussetzen wollte. Ja, er fand sogar noch die Kraft, sich mit Herrn Schöller über die Qualität des Kohls und über die gemeinsamen Geschäfte zu unterhalten, wobei er beiläufig auch noch die Rote Grütze aß, die er eigentlich gar nicht essen wollte, weil er auch gar nicht mehr konnte.

Am nächsten Morgen allerdings äußerte sich Herr Gottfried Schöller in vertrauter Freundesrunde so:

»Einerseits ist Hermann Kröger ja ein bescheidener Mensch. Gestern beim Mittagessen habe ich ihn fast zu jedem Bissen nötigen müssen. Aber nach dem Essen, als wir in meinem Kontor noch einmal alles durchgingen, da hat er doch – ohne lange zu fragen – vier Kognak hintereinanderweg getrunken. Ehrlich gesagt, das fand ich dscha'n büschen haltlos.«

*Aus: Hermann Gutmann –
Kohl- und Pinkelgeschichten,
Edition Temmen 2004*

freund mit der ihm nun geradezu gehässig in den Ohren klingenden Frage begrüßt wurde, ob er denn auch ordentlich Hunger mitgebracht habe.

Denn der Geschäftsfreund, ein gewisser Gottfried Schöller von Fr. Schöller & Sohn, der sich auf seine feine Lebensart viel zugute hielt, hatte ein opulentes Mahl zusammenstellen lassen, das traditionsgemäß mit Austern begann, für die der Ratskeller berühmt war.

Routen durchs Kohl- und Pinkel-Land

Fünf Routen für besondere Kohl- und Pinkel-Fahrten durch reizvolle Landschaften und zu außergewöhnlichen Zielen.

Kohltouren – Wohin soll´s gehen?

Diese Frage ist manchmal gar nicht einfach zu beantworten. Zwar bersten die Zeitungen ab September vor Anzeigen, in denen Gasthöfe für ihr Kohlessen oder für besondere Attraktionen werben, die sie ihren Gästen nebenbei anbieten – trotz allem bleibt die Qual der Wahl. Vor allem, wenn ein Kohlregent seine Untertanen wenig kennt, erscheint es zunächst schwierig, ein unterhaltsames Programm zu organisieren, das jeden zufrieden stellt. In diesem Fall ist es immer wichtig, sich umzuhören, was in den vergangenen Jahren gemacht wurde und was gut oder weniger gut ankam. Oft kristallisiert sich dann schon heraus, wo die Vorlieben einer Gruppe liegen.

Versuchen Sie aber nicht, den Teilnehmern zuliebe etwas zu organisieren, woran Sie selbst keinen Spaß haben. Ein Wandermuffel wird kaum eine interessante Wanderung erarbeiten können, er sollte lieber eine Kutsch- oder Zugfahrt anbieten. Sind Sie dagegen ein passionierter Spaziergänger, während Ihr Kohlvolk eher etwas fußfaul ist, dann können Sie es vielleicht mit einer kurzen, aber reizvollen Wanderung für Ihre Leidenschaft begeistern.

Kartenmaterial und Wandervorschläge bzw. Tipps für Kohltouren gibt es bei den jeweiligen Verkehrsvereinen oder bei den Gemeindeverwaltungen. Manche Vereine arbeiten auch individuelle Wanderungen nach den Wünschen der Gäste aus.

Viele Gasthöfe haben eigens für die Kohl- und Pinkel-Zeit Wanderwege für ihre Gäste ausgearbeitet oder bieten eine rundum organisierte Kohlfahrt mit Unterhaltungsprogramm an.

Vorschläge und Tipps für Kohl- und Pinkelfahrten

Im folgenden Kapitel sind einige Kohltouren rund um die Kohl- und Pinkel-Hochburgen Oldenburg und Bremen zusammengestellt: Kohltouren mit und ohne Wanderung, organisiert als Zugfahrt, mit Besichtigungen oder mit der Möglichkeit einer Kutsch-, Trecker- oder Fahrrad-Tour.

Stadtspaziergang in Oldenburg mit Grünkohl

Man muss nicht unbedingt aufs Land fahren, um eine gepflegte Kohl- und Pinkel-Fahrt zu machen. Der Verkehrsverein in Oldenburg zeigt, wie es auch anders geht.
Statt einer Wanderung durch die Natur bietet der Verein jeweils von November bis März einen Stadtrundgang durch Oldenburg an. Ein Stadtführer oder eine Stadtführerin leiten die Gäste durch die schöne Oldenburger Innenstadt und berichten allerlei Wissenswertes über die Sehenswürdigkeiten, zu denen natürlich auch das Oldenburger Schloss und die Lambertikirche gehören.
Nach dieser Stadtführung geht es zu Kohl und Pinkel in ein gepflegtes Restaurant. Es kann hier zwischen vier verschiedenen Lokalen gewählt werden, dazu zählen der Ratskeller und Steffmann.
Die Mindestteilnehmerzahl für den Stadtspaziergang beträgt zehn Leute. Der Preis pro Person für die Führung und das Kohlessen beträgt 13 Euro, Getränke werden getrennt berechnet.

Der Stadtspaziergang mit Grünkohl kann gebucht werden bei:

▶ Oldenburg Tourismus & Marketing GmbH
Wallstr. 14
26122 Oldenburg
Tel.: 0441-36161310
Fax: 0441-36161350

Auf den Spuren berühmter Kunstmaler in Dötlingen

Zwischen Oldenburg und Bremen liegt, im idyllischen Huntetal, das ehemalige Künstlerdorf Dötlingen. Bekannte Maler wie Müller vom Siel, Karl Dehmann, Marie Stumpe und Otto Pankok haben hier einige Jahre ihres Schaffens verbracht.

Angezogen hat sie in erster Linie der Charme des Dorfes und seiner hügeligen Landschaft. So hieß es beispielsweise in einem Artikel der Zeitschrift »Die Kunsthalle« vom 20. Dezember 1901: »*Dötlingen ist ein weltabgeschiedenes, stilles Haidedorf. Alte, (...) strohgedeckte Häuser von echt niedersächsischem Gepräge (...) verleihen dem Orte eine ganz besondere malerische Schönheit, die dadurch noch erhöht wird, dass das Terrain ein hügeliges ist und überall die wundervollsten Fernsichten bietet.*«

Mit der »Weltabgeschiedenheit« ist es zwar so gut wie vorbei, von der Stille und »malerischen Schönheit« des Dorfes hat sich aber etwas erhalten, das heute noch viele Ausflügler nach Dötlingen zieht.

Ein winterlicher Spaziergang zu den Sehenswürdigkeiten des ehemaligen Künstlerdorfes lässt sich wunderbar mit einem deftigen Kohl- und Pinkel-Essen im Dötlinger Hof verbinden. Familie Lüdeke veranstaltet drei- bis viermal pro Saison Sammelkohlfahrten, wobei ein Bustransfer vom Bremer ZOB und ab Delmenhorst angeboten wird. In Absprache mit dem Wirt kann ein solcher Service eventuell auch bei größeren Gruppen für die Oldenburger Gegend organisiert werden.

Die Kohlgäste machen, wenn sie mit dem Bus anreisen, lieber einen kürzeren Spaziergang, meint der Wirt des Dötlinger Hofes, Thomas Lüdeke. Deshalb lässt er seine Gäste meistens in Aschenstedt, einem Ortsteil von Dötlingen, aus dem Bus steigen. Von hier wandern die Kohlfahrer über einen ca. drei Kilometer langen Weg durch einen reizvollen Wald mit alten Laubbäumen und über weitläufige Felder, um dann nach einer guten halben Stunde bei der Gaststätte anzukommen und sich bei Kohl und Pinkel niederzulassen.

Wer wirklich etwas vom Flair des Ortes und der Huntelandschaft mitbekommen möchte, sollte den »Huntepadd« entlangwandern. Diese Wanderung dauert ca. eineinhalb Stunden und führt an allerhand Sehenswürdigkeiten vorbei, so dass es sich erübrigt, eigens für die Kohlwanderung Unterhaltungsspiele zu organisieren.

Die Wanderung beginnt direkt am Dötlinger Hof. Man geht den Dorfring hinunter, vorbei an einem weißen reetgedeckten Bauernhaus,
das sich hinter einer hohen Buchenhecke versteckt. Ein Stück weiter
erblickt man im Kern des Dorfes die Dorfeiche, die nun, nach schät-
zungsweise 1000 Jahren, schon ein wenig altersschwach wird, bisher
aber in jedem Frühling wieder ihre Blätter ausgetrieben hat. Der hohle
Stamm ist ein beliebtes Versteck für Kinder. Hinter dem mächtigen
Baumveteran liegt der 58 Meter lange »Niedersachsenhof«, der von
der Familie Tabken bewirtschaftet wird. Auf dem Hof des imposanten
Bauernhauses strecken ebenfalls mächtige alte Eichen ihre Kronen in
den Himmel. Linker Hand erhebt sich die kleine Dötlinger Dorfkirche,
von der die Maler zu Beginn des letzten Jahrhunderts noch behaup-
teten, sie sei »alt und grau«. Nach einigen Jahren mühsamer Renovie-
rungsarbeiten bietet die Feldsteinkirche aus dem 11. Jahrhundert heute
einen eindrucksvollen Anblick. Wenn man Glück hat, kann man einen
Blick in den dörflich-gediegenen Innenraum der Kirche werfen.
Unterhalb der Kirche geht man den »Karkbäksweg« hinunter, der
seinen Namen vom Kirchenbach hat, der den Weg an seiner tiefsten
Stelle kreuzt. Links und rechts säumen Fischteiche die schmale Straße.
Hier hat man einen schönen Blick auf das 1935 erbaute Pfarrhaus.
Gegenüber erheben sich mächtige Buchen, zwischen denen ein klei-
ner Teich liegt, der von einer warmen Quelle gespeist wird. Im Winter
liegen oft weiße Nebelschwaden über dem Gewässer. Es wird vermutet,
dass sich hier eine alte germanische Kultstätte befand.
Der Karkbäksweg macht eine scharfe Rechtsbiegung. Bei trockenem
Wetter kann man geradeaus weitergehen über einen schmalen Sandweg, der unter hohen Bäumen an den Huntewiesen entlang verläuft.
Man folgt dem Fluss ein Stückchen, bis ein Weidezaun den Weg
versperrt. Hier biegt man rechts ab und folgt dem schmalen Weg unter
hohen Buchen, bis ein breiterer Wanderweg linker Hand zur Huntebrücke führt.
Nach starken Regenfällen ist der Weg an der Hunte meist sehr
matschig, man sollte dann dem Karkbäksweg bis zu einer Informati-
onstafel folgen. Auf der linken Seite befindet sich ein weißes Wohn-
haus, in dem vormals der Kunstmaler August Kaufhold wohnte, der
durch seine Tierzeichnungen bekannt wurde. Direkt hinter dem Haus
biegt links ein Sandweg in ein Gehölz ein, auf den auch der Pfad an der
Hunte einmündet.

Am »Huntepad«

Auf einer Holzbrücke überquert man die Hunte. Hinter der Brücke kommt man auf einen Wanderparkplatz. Links biegt der Wanderweg ab, der durch ein Weiden- und Kiefernwäldchen auf eine große freie Fläche führt, die vor wenigen Jahren noch mit Heide bedeckt war. Wahrscheinlich ist das Absinken des Grundwasserspiegels dafür verantwortlich, dass Dötlingen heute kein Heidedorf mehr ist. Am Horizont des freien Feldes erheben sich die gewaltigen Findlinge der »Glaner Braut«. Es handelt sich hier um ein Großsteingrab aus der Jungsteinzeit, sein Alter wird auf ca. 2300 Jahre geschätzt. Der Wanderweg führt direkt durch die größte Grabanlage hindurch.

Folgt man dem Pfad, kommt man an eine zweite Huntebrücke. Hinter der Brücke beginnt die »Inloopswiese«, ein künstlich geschaffenes Feuchtgebiet. Am Ende der Wiese steht man schließlich auf dem Heideweg, früher der Hauptverkehrsweg nach Wildeshausen. Alte Bilder zeigen den Heideweg als einen von hohen Birken eingesäumten Sandweg, der quer durch eine Heidelandschaft führt.

Auf der linken Seite des Heidewegs sieht man den »Lopshof«, ebenfalls ein ehemaliges Domizil August Kaufholds, heute Schullandheim für Wilhelmshavener Realschulkinder. Man überquert die Straße, geht am

Der »Gierenberg« in
den 1930er-Jahren

Fischteich ein Stückchen den Heideweg entlang und biegt direkt nach
dem Teich rechts auf einen Weg, der auf den »Gierenberg« (gieren =
schauen) führt. Der Gierenberg ist die höchste Erhebung des Ortes.
Von seinem »Gipfel« hat man bei klarem Wetter einen schönen Blick
ins Huntetal.

Wieder unten angekommen, geht man rechts auf dem Heideweg
weiter. Rechter Hand steht das »Püttenhaus«, ein kleines Fachwerk-
haus, der ehemalige Spieker der Pastorei. Wer noch fit ist, kann
hinter dem Püttenhaus den Badbergsweg hochgehen, um hier ein
Stückchen des alten Dorfes zu entdecken, wie die Maler es geschätzt
haben: Fischteiche, die Pütte, an der ehemals die Frauen mühsam
ihre Wäsche wuschen, ein kleiner Steinbrunnen, der eine Quelle
birgt, ein windschiefes Heuerhaus und ein Bauernhaus unter alten
Eichen. Hat man den Blick in die Vergangenheit genossen, kehrt
man zurück zum Heideweg. Am Ende der Straße biegt man rechts in
den Dorfring ein und steht nach wenigen Metern am Dötlinger Hof,

wo Familie Lüdeke bereits mit Kohl und Pinkel auf die hungrigen Wanderer wartet.

Der Dötlinger Maler
August Kaufhold

Bei den Sammelkohlfahrten, an denen im Durchschnitt 150 Personen teilnehmen, unterhält nach dem Essen ein erfahrener Alleinunterhalter die Kohlgäste bei flotter Musik. Am Ende des Abends werden die Gäste mit dem Bus zurückgebracht.

Auch geschlossene Gesellschaften können in dem Dötlinger Familienbetrieb bei Kohl und Pinkel gemütlich feiern. Zwei Clubräume mit Platz für 70 oder 30 Personen stehen den Gesellschaften zur Verfügung. Eine Kegelbahn ist ebenfalls vorhanden. Gebucht werden kann unter folgender Adresse:

▶ Dötlinger Hof
  Dorfring 2
  27801 Dötlingen
  Tel.: 04433-353
  Fax: 04433-1539
  www.doetlinger-hof.de

Grünkohl, wie »Onkel Ernst« ihn mochte – im Freilichtmuseum Vielstedter Bauernhaus am Hasbruch bei Hude

Grünkohl ist bekanntlich ein originär norddeutsch-bäuerliches Gericht. Arm und reich ernährte sich noch im kürzlich vergangenen Jahrhundert während der mageren Wintermonate vorwiegend von dem frostunempfindlichen Gemüse. Eine Ahnung von der Umgebung, in der unsere Vorfahren ihren Kohl genossen, bekommt man bei einem Kohlessen im Vielstedter Bauernhaus.

Das Vielstedter Bauernhaus, das ist einmal die traditionsreiche Gastwirtschaft der Familie Strackerjahn, eines der ältesten Gasthäuser der Region. Hier wird die bäuerliche Tradition schon seit Generationen gepflegt und bewahrt, wie man unschwer feststellt, wenn man das Gasthaus betritt.

Neben der Gaststätte betreibt der heutige Wirt Wilfried Strackerjahn zusammen mit seiner Familie das kleine Museumsdorf , dessen Kern- und Schmuckstück das historische Vielstedter Bauernhaus ist. Neben dem seltenen original Delmenhorster Geestbauernhaus aus dem Jahre 1801 gehört ein Spieker mit Göpelhaus (Pferde oder Ochsen mussten hier im Kreis laufend eine Zahnradkonstruktion in Gang halten, die wiederum landwirtschaftliche Geräte antrieben), ein Bienenschauer, ein Ziehbrunnen und ein Backhaus.

Der Gründer dieser Museumsanlage war Ernst Strackerjahn, liebevoll Onkel Ernst oder auch »de lüttje Knecht« genannt. Den Vielstedtern ist er noch als Urgestein bekannt. Lange lebte er selbst mit seiner Frau Christa in dem historischen Vielstedter Bauernhaus. Als Wirt ging er noch von Tisch zu Tisch und unterhielt sich mit seinen Gästen.

1935 kaufte er das vom Verfall bedrohte Delmenhorster Bauernhaus und ließ es von dem Huder Zimmermeister Adolf Sanders abreißen und neben seinem Gasthaus fachgerecht wieder aufbauen. Nach den Originalplänen des Zimmermeisters Sanders wurde das Bauernhaus im Jahre 1985 restauriert, nachdem es zwei Jahre zuvor abgebrannt war.

Ernst Strackerjahn war zudem ein leidenschaftlicher Sammler. Neben forstwirtschaftlichen Geräten sammelte er prähistorische Funde aus der Umgebung sowie natürlich alles, was mit dem Alltag der Geestbauern zu tun hatte. Bis heute wird diese Tradition von der Familie Strackerjahn fortgeführt und so ist das Vielstedter Bauernhaus nach wie vor ein

Ort, in dem Zeugnisse bäuerlichen Lebens ihren Platz finden. Neben einfachen rustikalen Möbeln und Gerätschaften, die im Haushalt und in der Landwirtschaft benutzt wurden, können hier eine Schuster- und Holzschuhwerkstatt und die Dauerausstellung »Geschichte aus dem Boden der Heimat« besichtigt werden, in der sich Grabungsexponate aus vorgeschichtlicher Zeit befinden. Auf dem Kornboden erwartet die Besucher eine Sammlung alter Forstgeräte, die noch von »Onkel Ernst« selbst stammt.

Der Steinbackofen kann nicht nur bestaunt werden. An jedem ersten Sonntag in Monat wird hier Brot gebacken.

Ein besonderes Anliegen war es dem Gründer der Anlage, der Nachwelt zu zeigen, dass die »gute alte Zeit« mitnichten immer gut war. Besonders die Genügsamkeit und Schlichtheit der bäuerlichen Lebensweise soll hier herausgestellt werden. So wird man in dieser Ausstellung keinen vermeintlich bäuerlichen Kitsch finden, der das Leben auf dem Lande romantisch verklärt. Gezeigt wird im Gegenteil, wie einfach und bisweilen hart das Leben der Geestbauern war.

Die Gaststätte »Viel-
stedter Bauernhaus«

Der Grünkohl wird den Gästen heute allerdings nicht mehr als schlich-
ter Eintopf serviert, wie er in früheren Zeiten oft auf den Tisch kam.
Auf gutes, ländlich-deftiges Essen »ohne Schnickschnack« legt Familie
Strackerjahn sehr viel Wert. Der Grünkohl ist der »Stolz des Hauses«
und wird hier »mit allen Schikanen nach dem alten Brauch zubereitet
und üppig angerichtet«, so verspricht es der Wirt des Hauses.

Im Vielstedter Bauernhaus »ward platt snackt«. Die Speisekarte zeugt
davon. Hier wird - nicht nur während der Kohlsaison - traditionell
norddeutsche Küche serviert. Dazu gehört u.a. »Rökert Swiensmors op
Brot« (Schinkenbrot) oder Bratkartuffels (Bratkartoffeln) nach einem
Originalrezept von Christa Strackerjahn. Wer es gesund mag, kann
einen Teller Gröntüch (Salat) dazubestellen. Für die Verdauung trinkt

man nach dem deftigen Essen einen »Pansenregulator« (Magenbitter). Der Autofahrer bleibt allerdings bei einer »Bruus ton opsteuten« (Mineralwasser) oder einer Tasse »Koffie, heel bestig« (Kaffee schwarz). Der jetzige Wirt Wilfried Strackerjahn setzt, soweit es ihm die Zeit erlaubt, die Tradition von Onkel Ernst fort und plaudert gern mit seinen Gästen – natürlich auch auf Hochdeutsch, denn, so versichert er, auch »Utlänners« (nicht Platt sprechende Menschen aus dem Umland) sind herzlich willkommen.

Aber zurück zum Grünkohl. Kohlgesellschaften bis zu 160 Personen finden Platz im historischen Vielstedter Bauernhaus und können hier inmitten des bäuerlichen Ambientes ein deftiges Kohlessen genießen. Das Gasthaus selbst bietet Gruppen bis zu 180 Personen Platz. Auch hier lässt es sich inmitten einer schlicht-rustikalen Einrichtung gemütlich speisen. Natürlich sind auch kleine Personengruppen willkommen und finden ein ungestörtes Eckchen für eine deftige Grünkohlmahlzeit.

Vor dem Essen kann ein Spaziergang im Staatsforst Hasbruch unternommen werden. Wer es wünscht, kann sich während des Spazierganges bei einer Glühweinpause aufwärmen, die vom Personal des Vielstedter Bauernhauses organisiert wird. Wer vor dem Kohlessen mehr über den Hasbruch wissen möchte, kann sich von den Huder Gästeführerinnen kompetent durch den Wald führen lassen. Natürlich besteht die Möglichkeit, das Vielstedter Bauernhaus vor oder nach dem Kohlessen zu besichtigen.

Diese und weitere Wünsche und Anregungen zu einer gelungenen Kohltour bekommt man im Vielstedter Bauerhaus oder auch bei der Touristik Palette Hude. Ein Bustransfer kann ebenfalls hier geordert werden.

▶ Vielstedter Bauernhaus
  Am Bauernhaus 1
  27798 Hude-Vielstedt am Hasbruch
  Tel: 04408/369
  Fax: 04408/60806
  www.vielstedter-bauernhaus.de

▶ Touristik Palette Hude
  04408/8090950

Erstes Dampfkornbranntweinbrennerei-Museum in Wildeshausen

Grünkohlfahrten – das ist norddeutsche Kultur. Was liegt also näher, als eine Kohl- und Pinkel-Fahrt mit einem kulturellen Leckerbissen zu beginnen – einem Besuch im Dampfkornbranntweinbrennerei-Museum in Wildeshausen? Schließlich ist ja der echte Korn ein wichtiges Stück Grünkohlkultur.

Die ehemalige Brennerei an der Wittekindstraße 2 fällt dem Besucher Wildeshausens sogleich ins Auge, denn die Architektur ist außergewöhnlich. Auf den ersten Blick sieht es so aus, als stürze das Gebäude jeden Moment ein. Dabei folgt die Brennerei in ihren Maßen lediglich dem verwinkelten Grundstück, das einst direkt an der beschaulichen Hunte lag. Zwischen dem Fluss und dem Gebäude, so sagte man damals, war gerade genug Platz für einen Mann und ein Pferd.

Wer dann die Stufen zur Eingangstür hinter sich hat und seine Füße in den ersten Raum setzt, der hat soeben eine Zeitreise begonnen. Das Ziel: die zweite Hälfte des 19. Jahrhunderts, als in den Industriebetrieben Deutschlands die Dampfmaschine das Tempo vorgab. Auch beim Produzieren von Schnaps.

Postkarte und Flaschenetiketten aus der Dampfkornbranntweinbrennerei

Im Jahr 1850 war es, als die Geburtsstunde des Betriebes schlug. Einer, der in diesem Jahr zu neuen Ufern aufbrach, war Johann Heinrich Kolloge. Der 30-Jährige aus Simmerhausen (Königreich Hannover) wurde im nahen Wildeshausen (Großherzogtum Oldenburg) fündig: Mit Vaters Hilfe kaufte er im Herzen der alten Wittekindstadt einen Gasthof samt Brennhaus und zehn Hektar Land. 9500 Reichstaler Gold hatte er zu zahlen – eine für damalige Zeiten enorme Summe.

Was folgte, war (zunächst) eine Erfolgsgeschichte: Kolloge setzte in seinem Betrieb auf eine neue Technik – die Dampfmaschine. Sie trieb die schwere Getreidemühle, die Rührwerke, die Quetschen oder die Pumpen an – und sie sorgte für die Temperaturen, um Alkohol zu destillieren. »Kolloges Korn kennt keinen Kater« hieß es

bald im Oldenburger Land. Sogar Spötter lobten: *»Selbst die Sau am Troge lechzt nach dem Schnaps von Kolloge«.*

Das »Dampfkorn-branntweinbrennerei-Museum« in Wildeshausen

Nicht nur der 32-prozentige Korn, sondern gut 200 Fabrikate wurden im Labor des Familienbetriebes zusammengemixt. Viele Namen sind heute vergessen. Choleratropfen, Halber Hund, Puebla oder Malakoff hießen zum Beispiel im Jahr 1887 die Renner, später kamen Whisky, Weinbrand und Dutzende von Likören hinzu. In einem kleinen Büchlein wurden die Rezepte von Generation zu Generation weitergegeben.

Bis zum 13. November 1972. Ein schwerer Orkan fegte damals über den Nordwesten Deutschlands hinweg. Ganze Wälder fielen ihm zum Opfer. Und: Die obere Hälfte des 32 Meter hohen Brennerei-Schornsteins stürzte zu Boden. Jetzt rächte sich, dass der Betrieb so lange auf die alte Dampftechnik gesetzt hatte. Denn weil der Schornstein nicht mehr die vorgeschriebene Höhe hatte, durfte der Dampfkessel nicht mehr betrieben werden. Damit stand auch die Dampfmaschine still – und mit ihr der gesamte mit Dampf betriebene Maschinenpark. Sechs Jahre später wurde der Betrieb ganz eingestellt.

Dass die Kornbrennerei heute ein technisches Kulturdenkmal und das erste Museum seiner Art ist, verdankt es vor allem der Familie Kolloge und engagierten Wildeshausern, die »ihre« Brennerei vor dem Verfall retten wollten. Bereits 1979 wurde das Gebäude unter Denkmalschutz gestellt. 1982 wurde ein Museumsverein gegründet, der das Gebäude sowie die Maschinen und Gerätschaften pflegt und der Öffentlichkeit zugänglich macht.

Was erwartet die Besucher? Die Zeitreise beginnt im Kesselhaus und führt dann zum Herzstück des Museums, der seit ein paar Jahren wieder schnaufenden Einkolbendampfmaschine mit Fliehkraftregulator. Was ihr Alter angeht, tappt der Museumsverein im Dunkeln. Sicher ist, dass sie seit 1895 von der Delmenhorster Firma Wehrhahn gewartet wurde.

Ein bisschen vom früheren Geruch ist unten im Gewölbekeller bei den alten Eichenfässern noch zu schnuppern. Per Handdruck wurde hier Flasche für Flasche abgefüllt, dann per Muskelkraft mit der schweren »Original Hassia« verkorkt und schließlich mit Hilfe des quietschenden Anleimers hübsch etikettiert. Weiter nach oben geht es vorbei an der alten, mit Dampfkraft betriebenen Getreidemühle, am Mühlengalgen und am Maischebottich zu zwei gedrungenen Kammern mit ganz unterschiedlichem Nutzungszweck: Hinter den dicken Tür wurde die Hefe gezüchtet, hinter der dünnen Tür mit neuen Geschmacksrichtungen experimentiert.

Im zweiten Obergeschoss, auf dem gemütlichen Kornboden, kommt der Besucher wieder in der Gegenwart an. In einer Galerie erinnern Bilder an die Ästhetik vergangener Technik.

Die Führung durch die Brennerei dauert ungefähr eine Stunde. Führungen durch das Dampfkornbranntweinbrennerei-Museum sind ganzjährig möglich, müssen allerdings vorher angemeldet werden:

- Karin Holtmann-Kolloge, Tel: 04222/6517
  holtmann-kolloge@web.de
  www.brennerei-museum-wildeshausen.de.

- Öffnungszeiten: Mai–Sept jeden So 15–18 Uhr,
  Eintritt 2 €, Führungen für Gruppen nach Absprache ganzjährig.
  Tel. 04222–6517 oder 04431/3674
  Fax. 04431–917167
  www.brennerei-museum-wildeshausen.de

Weitere Tipps und Adressen holt man sich beim:

- Verkehrsverein Wildeshausen e.V.
  Am Markt 1
  27793 Wildeshausen
  Tel: 04431-6564

Mit der Museumsbahn »Jan Harpstedt« zum Gasthaus Zur Wasserburg

Nicht umsonst nennt man den Ort, in den unsere nächste Kohltour geht, »Harpstedt im Walde«. Umgeben von riesigen Wäldern, liegt der staatlich anerkannte Erholungsort inmitten des Naturparks Wildeshauser Geest. Die erste urkundliche Erwähnung der Ortschaft datiert aus dem Jahre 1203. Aus dieser frühen Zeit ist leider wenig erhalten geblieben, denn in Harpstedt wütete 1739 der rote Hahn und kein Stein blieb auf dem anderen. Das Schloss wurde allevrdings von den Flammen verschont, hier hat heute die Gemeindeverwaltung ihren Sitz. Nach barockem Vorbild wurde der Ort mit breiten, rechtwinklig zueinander verlaufenden Straßen wieder aufgebaut. Zu den Attraktionen im Ortskern gehören die rote Backsteinkirche und eine voll funktionsfähige Windmühle aus dem Jahre 1870, in der man heute noch kiloweise Getreide für die hauseigene Kornmühle kaufen kann.

In den großen Wald- und Moorgebieten um Harpstedt herum kann man herrlich wandern. Eine Vielzahl gut befestigter Wanderwege wurde angelegt, auf denen die Besucher bei ausgedehnten Fußmärschen die reizvolle Geestlandschaft genießen können. Eine gute Portion frische Luft gibt es gratis dazu.

»Jan Harpstedt«
unterwegs

Der Wirt des Dreisterne-Gasthauses Zur Wasserburg, Karl-Heinz Grohe, offeriert seinen Gästen ab November ein Rund-um-Kohl-und-Pinkel-fahrt-Programm. Ein besonderes Erlebnis ist die Anreise mit der Museumsbahn »Jan Harpstedt«. Die alte Bimmelbahn startet vom Bahnhof Delmenhorst-Süd (Grüne Straße). Gäste aus der Bremer Umgebung erreichen den Bahnhof mit der Deutschen Bahn und einem kurzen Fußweg (ca. 20 Minuten). Von Delmenhorst aus zuckelt die historische Kleinbahn über Stelle, Groß Mackenstedt, Heiligenrode, Kirchseelte, Groß Ippener und Dünsen nach Harpstedt, quer durch die winterliche Geestlandschaft. Betrieben und instand gehalten wird der nostalgische Zugbetrieb vom Verein der Delmenhorst-Harpstedter-Eisenbahnfreunde, kurz DHEF, der 2001 auf eine 25-jährige erfolgreiche Arbeit zurückblicken konnte. So verfügen die Eisenbahnfreunde inzwischen über einen Fuhrpark von ca. 30 historischen Fahrzeugen, inklusive einer Dampflok der Marke aus dem Jahre 1955 vom Typ Krupp »Knappsack«. Die Dampflok wird jedoch im Winter selten eingesetzt, stattdessen zieht ein Triebwagen aus dem Jahre 1940 die historische Bimmelbahn gemütlich über die Schienen.

Der Verein will mit dem Betrieb des »Jan Harpstedt« an das Konzept einer typischen norddeutschen Kleinbahn der 50er- und 60er-Jahre anknüpfen, denn Harpstedt war schon im letzten Jahrhundert ein beliebtes Ausflugsziel für Sommerfrischler und Kohlfreunde aus der Delmenhorster und Bremer Gegend.

Kehren wir zurück zu unserer Kohlfahrt: Am Haltepunkt in Dünsen hält der Zug und lässt die Gesellschaft zur Wanderung aussteigen. Wer nicht mitgehen möchte, kann bis zum Bahnhof in Harpstedt weiterfahren und dann direkt zur Wasserburg gehen. Auf dem Weg zur Gaststätte bietet sich ein kleiner Rundgang durch den Ort an. Die Wanderer laufen nach einer Karte, die sie mit der Buchungsbestätigung zugeschickt bekommen. Der Weg führt ca. 4,5 Kilometer durch ein idyllisches Waldgebiet.

Alternativ zu einer Fahrt mit »Jan Harpstedt« kann man beim Wirt der Wasserburg eine Kutsch- oder Kremserfahrt buchen. Dies bietet sich auch für Gruppen an, die auf die Wanderung verzichten möchten. Ganz Verwegene haben die Möglichkeit, eine Runde mit dem »Superfahrrad« zu drehen. Auf diesem Gefährt können zwölf Personen gemeinsam die Kalorien abstrampeln, die sie sich hinterher bei Kohl und Pinkel wieder einverleiben.

Im Gasthaus Zur Wasserburg angekommen, ist der Tisch bereits gedeckt für Grünkohl »satt« mit Pinkel, Kasseler, Speck, Kochwurst und Kartof-

feln, eine Suppe gibt es vorneweg. Nach dem Essen spielen in zwei Räumen Musiker zum Tanz auf. Im Kaminzimmer bringt ein versierter Alleinunterhalter die Leute in Schwung, während im Saal eine flotte Tanzkapelle aufspielt. Gut 30 Leute in der Küche und hinter dem Tresen sorgen dafür, dass den Gästen jeder Wunsch schnell erfüllt wird.

Um 23.30 Uhr bringen Busse die Kohlgäste nach Delmenhorst und Bremen zurück. Bei großer Nachfrage wird die An- und Abreise auch von anderen Orten organisiert. Buchungen werden entgegengenommen unter folgender Adresse:

Kremserfahrten sind eine gute Alternative für »Wandermuffel«

❧ Hotel zur Wasserburg
   Amtsfreiheit 4, 27243 Harpstedt
   Tel.: 04244-93820
   Fax: 04244-938277
   www.zurwasserburg.de

Wer seine Kohlfahrt mit »Jan Harpstedt« in eigener Regie durchführen will oder außerhalb der Kohlzeit einen Ausflug mit der historischen Kleinbahn machen möchte, kann sich unter folgender Telefonnummer und Internetadresse nach Abfahrtszeiten und Fahrpreisen erkundigen:

❧ Jan Harpstedt,
   Info und Anmeldung
   Tel. 04244 – 2380
   www.jan-harpstedt.de

Wo sich Zöllner und Schmuggler die Klinke in die Hand gaben

Direkt an der Wümme steht das alte Schleusen- und Zollhaus, heute Gasthof Zur Schleuse, in dem seit nunmehr 120 Jahren Gäste bewirtet werden. Die ersten Besucher der Gaststube waren die Torfschiffer und Bauern aus dem Teufelsmoor. Nachdem hier um das Jahr 1870 zwischen dem Senkenfahrtskanal und der Wümme eine Schleuse errichtet worden war, konnten die Torfbauern auf diesem Weg schneller nach Bremen kommen, um ihre Ladung zu löschen. Das Schleusenhaus diente zugleich als Zollhebestelle an der Grenze zwischen den Ländern Bremen und Hannover. Heute verläuft hier die Grenze zwischen Niedersachsen und Bremen.

Um das alte Grenzhaus ranken sich viele Geschichten, die davon erzählen, wie so mancher Schmuggler den Zollbeamten zum Narren hielt.

Der Gasthof Zur Schleuse ist heute ein Familienbetrieb. Jürgen und Ricarda Geffken leiten das Anwesen an der Wümme. Das alte reetgedeckte Haus, von dem niemand weiß, wie alt es wirklich ist, hat etwas vom Charme des vergangenen Jahrhunderts in unsere hektische Zeit hinübergerettet. Umgeben von alten Bäumen, liegt die ehemalige Zollhebestelle einsam am Wümmedeich. In dem großen Garten vor dem Haus kann man im Sommer die Ruhe des Blocklandes genießen. Im Winter macht man es sich in der urigen Gaststube gemütlich, die liebevoll mit originalen Möbelstücken eingerichtet ist, denn »bei uns gibt es keinen Möbelhaus-Barock«, wie der Schleusenwirt Jürgen Geffken bekräftigt. Eine Spezialität des Hauses ist Braunkohl mit Pinkel und Bratkartoffeln. Als Vorspeise gibt es eine original norddeutsche Hochzeitssuppe, als Nachspeise Pudding.

Rechts:
Die einzigartige Wümmelandschaft aus der Vogelperspektive

Familie Geffken legt besonderen Wert auf eine ruhige und gemütliche Atmosphäre, auch beim Kohlessen. Große Sammelkohlfahrten mit Musik und Tanz finden hier nicht statt, stattdessen können es sich kleinere Gruppen in dem alten Schleusenwärterhaus bei Kohl und Pinkel wohl sein lassen.

55 Personen finden an den gemütlichen alten Tischen Platz, im Erkerzimmer können weitere 24 Personen speisen.

Die Anfahrt mit dem Bus oder PKW muss selbst organisiert werden. Vor dem Essen bietet sich eine Wanderung entlang des Wümmedeichs an. Hier kann man kilometerweit laufen, ohne von Autos und Lärm

gestört zu werden. Und in der stillen und rauen Natur des winterlichen Blocklandes stellt sich der richtige Kohldampf dann ganz von selbst ein.

Für echte Braunkohl-Genießer, die auf das »Remmidemmi« großer Sammelkohlfahrten keinen Wert legen, ist die gemütlich-rustikale Atmosphäre in der Lilienthaler Schleuse genau das Richtige.

Buchen kann man unter folgender Adresse:

> Gasthof Zur Schleuse
> Truperdeich 35
> 28865 Lilienthal
> Tel: 04298-2025

Mit dem Moorexpress durchs Teufelsmoor

Dass man zum Vergnügen durchs Moor fährt, um sich an seiner landschaftlichen Schönheit zu erfreuen, darüber hätten die Moorbauern noch vor 50 Jahren den Kopf geschüttelt, denn wer vom Moor lebte, hatte ein hartes Los. Heute sind viele Moore abgebaut oder urbar gemacht und langsam rückt ins Bewusstsein, welchen Verlust die Natur damit erlitten hat. Die Moorlandschaft ist mit ihrem kargen und manchmal etwas gespenstischen Charme einzigartig, und es ist ein Erlebnis besonderer Art, diese Landschaft im Winter zu durchstreifen. Der Moorexpress zuckelt quer durch das Teufelsmoor, vorbei an Worpswede, Hüttenbusch, Karlshöfen und Gnarrenburg. In dem alten Triebwagen hat man genug Zeit, um in Ruhe die winterliche Moorlandschaft zu studieren. Die Fahrt beginnt am Bahnhof in Osterholz-Scharmbeck, es kann aber auf allen Bahnstationen der Strecke zugestiegen werden. Für Wanderer endet die Zugfahrt in Brillit. Von hier aus führt ein etwas sechs Kilometer langer Fußmarsch durch die stille Moorlandschaft zum Kluster Hof in Basdahl-Kluste. Wer keine Lust zum Laufen hat oder schlecht zu Fuß ist, kann bis Basdahl mit dem Moorexpress fahren.

Auf der Wanderstrecke zwischen Brillit und Basdahl bietet der »Osterholzer Anzeiger« (Adresse s.u.) eine Führung an. Ziel der Wanderung ist der Kluster Hof. Im Gasthaus der Familie Opitz fühlt man sich sogleich wohl. Das gutbürgerliche Haus verfügt über einen gemütlichen Saal mit Platz für 250 Personen. Hier wird nach der Wanderung

Kohl »nach Bremer Art« zum Sattwerden serviert, also mit Kohl, Kasseler, Speck, Pinkelwurst und Salzkartoffeln. Zum Abschluss gibt es eine Cremespeise. Nach dem Essen spielt die Musik zum Tanz auf.

Um 21.30 Uhr geht es mit dem Triebwagen ab Kluster Hof wieder zurück nach Osterholz-Scharmbeck. Die Fahrt mit dem Moorexpress zum Kluster Hof kann gebucht werden beim:

Der »Moorexpress«

▶ Osterholzer Anzeiger
Bahnhofstr. 58, 27704 Osterholz-Scharmbeck
Tel: 04791-966533, Fax: 04791-966555
www.osterholz-aktuell.de

Der Kluster Hof bietet seinen Kohlgästen ebenfalls ein Pauschalprogramm an, in dem nach Wunsch eine Wanderung mit Punschstation, eine Übernachtung, Tanz oder ein Kegelnachmittag enthalten sind.

▶ Kluster Hof
Familie Opitz
Bremervörder Str. 50, 27432 Basdahl
Tel: 04766-939500, Fax: 04766-1023

Törfpedder-Tüügnis in Brümmers Landhaus in Langenhausen

Am Oste-Hamme-Kanal, ungefähr drei Kilometer nordöstlich von Gnarrenburg, liegt das idyllische Langenhausen. Hier findet man Brümmers Landhaus. Seit 200 Jahren ist das Haus in Familienbesitz, heute wird es geführt von Horst und Lisa Heitmann, unterstützt durch ihren Sohn Torsten, der sich seine Sporen als Koch bereits in verschiedenen angesehenen Gastronomiebetrieben verdient hat. Eine Spezialität des Hauses ist im Winter das deftige Kohl- und Pinkel-Essen. Aber nicht nur wegen seiner ausgesprochen guten Küche ist das Haus bis weit über die Grenzen des Teufelsmoores bekannt: Familie Heitmann lässt sich zudem einiges zur Unterhaltung ihrer Gäste einfallen.

Brümmers Landhaus ist beispielsweise der einzige Ort, an dem man das ganze Jahr über ein Törfpedder-Tüügnis erwerben kann. Auch als Kohlfahrer kann man – wenn das Moor nicht total zugefroren ist – ein echter Torftreter werden, denn nach bestandener Prüfung schmeckt der Grünkohl noch mal so gut. Initiator dieses Wettstreites ist der rührige Chef des Hauses, Horst Heitmann. Seine Idee war es, den Gästen einen Eindruck davon zu vermitteln, wie die Leute im Moor einst gelebt haben, und so lässt er sie erst mal richtig arbeiten, bevor es zu den dampfenden Kohlschüsseln geht.

Geschichtslehrer, Unterhalter und Prüfer zugleich ist Jan vom Moor. In der Tracht der Moorbauern, mit Holzklutschen an den Füßen und Schiffermütze auf dem Kopf, unterrichtet der ehemalige Postbeamte, der eigentlich Johann Braasch heißt, seine Törfpedder-Schüler. In seiner heiteren Art führt das Langenhauser Original seine Schüler in die Geschichte des Torfstechens ein – und erzählt nebenbei allerlei Geschichten über das Teufelsmoor und seine Bewohner. Die Törfpedder-Schüler müssen gut aufpassen, denn per Fragebogen wird hinterher festgestellt, was sie von Jan vom Moors Vortrag behalten haben.

Nach der Theorie kommt die Praxis: Hinter Brümmers Landhaus führt Jan vom Moor seine Prüflinge über einen schmalen Waldweg zu einer Torfstelle. Hier darf nun jeder mal versuchen, einen Torfsoden zu stechen, so wie Jan vom Moor es vorführt. Als Nächstes ist »Torfschuven« dran. In

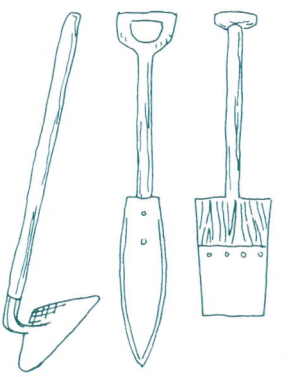

Traditionelle Torfstechergeräte

Moorschiffer Ende des 19. Jahrhunderts

diesem Unterrichtsfach wird das Torfstapeln und -schieben (auf Platt = schuven) geübt. Beim »Torfschuven« wird eine Schubkarre mit Torfsoden beladen und dann über einen Hindernisparcours geschoben. Wer seine Karre allzu flott über eine Baumwurzel bugsiert und seine Soden verliert, bekommt einen Punkteabzug. Mogeln gilt nicht, denn Jan vom Moor notiert sich jedes einzelne heruntergefallene Stück. In der zweiten Disziplin, dem »Smieten« (Schmeißen) geht es darum, einen »Holtkluntschen« (Holzschuh) in ein Ziel zu werfen. Beim »Wuss opn Spieln« (Wurst auf dem Spieß) müssen die Absolventen Würste mit einem Spieß von einer Holzstange nehmen und sie dann wieder aufhängen, wie es die Moorbauern beim Räuchern taten. Bei der letzten Prüfung geht es ums »Scheten« (Schießen), aber keine Angst, es werden keine Gewehre benutzt. Ein Holzvogel, der an einem Band hängt, wird auf eine Zielscheibe geschwungen; mit Schießen im eigentlichen Sinne hat diese Disziplin also nicht viel zu tun. Die Prüfungen für das Törfpedder-Tüügnis sind damit abgelegt.

Bevor Jan vom Moor die Zeugnisse verteilt, kann man zur Erholung von dem Prüfungsstress an einer Kutschfahrt durch das beeindruckende Huvenhoopsmoor teilnehmen. Jan vom Moor übernimmt die Aufgabe des Fremdenführers und erklärt den Gästen ganz und gar nicht langweilig die Gegend und die Besonderheiten der Landschaft, die inzwischen zum größten Teil unter Naturschutz steht.

An einem Bauernhof steigt die Gesellschaft aus, um hier, auf warmen Strohballen sitzend, Kaffee und frischen Butterkuchen zu genießen. Und weiter geht's auf der Erlebnistour durchs Moor.

Nächster Haltepunkt ist Augustendorf. Das Moorhufendorf wurde 1828 von Moorbauern angelegt. 1985 kaufte die Gemeinde Gnarrenburg hier eine alte Mooranbaustelle zusammen mit einem verlassenen Rauchhaus. Heute ist das Haus renoviert und weitere Gebäude sind nach altem Vorbild hinzugekommen, wie beispielsweise eine Torf-scheune und ein Backofen, in dem manchmal für die Gäste gebacken wird. Besucher können in dem historischen Moorhof in Augustendorf eindrucksvoll nachvollziehen, wie die Moorbauern hier vor mehr als hundert Jahren gelebt haben und wie sich ihr Arbeiten und Wohnen bis in die Gegenwart gewandelt hat.

Wieder auf dem Kutschbock, bietet Jan vom Moor seinen Gästen einen »Lütten« zum Aufwärmen an, und nun geht es zurück zu Brüm-mers Landhaus, wo Kohl und Pinkel bereitstehen.

Brümmers Landhaus ist auch mit dem Moorexpress zu erreichen. Der Triebwagen fährt vom Bahnhof in Osterholz-Scharmbeck bis Brillit.

Gestapelte Torfsoden im Moormuseum

Von hier aus kann man je nach Streckenwahl eine vier bis sechs Kilometer lange Wanderung mit Führung zu Brümmers Landhaus machen, wo am Wochenende Sammelkohlfahrten mit Musik und Tanz stattfinden. Diese Fahrten organisiert der Osterholzer Anzeiger in Oster-holz-Scharmbeck (Adresse s.o.) oder Familie Heitmann. Das Landhaus hält für seine Gäste zudem zwei doppelte Bundeskegelbahnen bereit. Spezielle Wünsche werden gern berück-sichtigt, Familie Heitmann stellt seinen Gästen auch individuelle Erlebnisprogramme zusam-men und kümmert sich um die Organisation und einen reibungslosen Ablauf.

▶ Brümmers Landhaus
Langenhausen 58
27442 Gnarrenburg
Tel.: 04763-921073
Fax: 04763-921075
www.bruemmers-landhaus.de

Rezepte

Wie der Kohl früher und wie er heute gegessen wird,
wie Kohl und Pinkel auf verschiedene Art und Weise zubereitet
wird und was man vorher und nachher essen und trinken kann,
nebst hilfreichen Rezepten gegen den Kater.

Das Grünkohl-Menü

Ein traditionelles Grünkohlmenü besteht immer aus einer Hochzeits-suppe vorweg, als Hauptgericht Kohl und Pinkel und einem abschlie-ßenden Dessert.

Heidis Hochzeitssuppe

Zutaten: 1 dickes, nicht zu mageres Suppenhuhn (am besten vom Wochenmarkt oder direkt vom Bauern), 1 großer Bund frisches Suppen-gemüse (Porree, Sellerie und Möhren), 1 Zwiebel, 1 Blumenkohl (oder 1 kg Spargel), 500 g Suppennudeln oder Reis, 4 Eier, etwas Milch, Salz und Pfeffer.

Zubereitung: Das Suppenhuhn gründlich waschen, gegebenenfalls die Innereien entfernen, das Suppengemüse putzen, klein schneiden und mit dem Huhn in reichlich Wasser legen. Das Wasser muss kurz aufkochen, dann auf kleiner Flamme eine gute Stunde ziehen lassen – nicht kochen!

Währenddessen das Gemüse (Blumenkohl oder Spargel) putzen und in Salzwasser gar kochen, die Nudeln ebenfalls vorkochen.

Für den Eierstich schlägt man die Eier in eine Schüssel, gibt 2 halbe Eierschalen Milch hinzu, etwas Salz. Das Ganze kräftig schlagen und in einen Gefrierbeutel füllen, der mit einem Gummiband fest verschlossen wird, den Beutel in einen Topf mit kochendem Wasser legen und ca. 7 Minuten kochen lassen, bis die Eimasse fest ist.

Alles was man braucht, um ein rich-tiges Kohl-und Pinkel-Essen zuzubereiten: Kohl, Speck, Pinkel, Kohlwürste, Kassseler, Zwiebeln, Kartoffeln und Gewürze

Den Eierstich aus dem Beutel nehmen und in Würfel schneiden. Ist das Hühnerfleisch weich gekocht, nimmt man das Huhn heraus und pellt das Fleisch von den Knochen, die Haut wird ebenfalls entfernt. Das Fleisch klein schneiden, die Hühnerbrühe mit Salz und Pfeffer abschmecken, Fleisch, Gemüse, Nudeln (Reis) und Eierstich dazugeben und langsam erwärmen – heiß servieren. Die Suppe darf nicht aufkochen, sonst wird die Brühe trüb!

Grünkohl mit Pinkel

Zutaten: 2 kg Grünkohl, 2 Zwiebeln, 150 g Schweine-, Gänse- oder Entenschmalz, 1 TL Salz, ½ l Fleischbrühe, 250 g gestreifter Speck (durchwachsener Räucherspeck), 250 g Kasseler, 250 g Pinkel, 4 Kochwürste, 2 EL Hafergrütze oder Haferflocken.

Zubereitung: Kohl gründlich waschen und von Stielen und dicken Blattrippen befreien, ca. 10 Minuten in reichlich kochendem Salzwasser blanchieren, den Kohl abgießen und abtropfen lassen, klein hacken. Die Zwiebel schälen und in kleine Würfel schneiden, in Schmalz andünsten, den Grünkohl hinzugeben und kurz mitdünsten, vorsichtig salzen und die Fleischbrühe angießen. Den Kohl mindestens zwei Stunden kochen lassen.

Am besten bereitet man den Kohl am Vorabend vor, da er aufgewärmt am besten schmeckt. Kasseler und Speck ungefähr eine Stunde und Pinkel und Kochwurst eine halbe Stunde im Kohl mitgaren. Man kann auch das Fleisch getrennt kochen und den Kohl dann in der Fleischbrühe garen.

So siehts dann fertig aus

Wie der Kohl geernet und gerupft wird ...

Zum Schluss gibt man die Hafergrütze oder Haferflocken zum Kohl. Hafergrütze muss 10 Minuten, Haferflocken 5 Minuten quellen.

Zum Grünkohl werden Salzkartoffeln oder Bratkartoffeln serviert.

Rote Grütze

Zutaten: Je 500 g Himbeeren, Johannisbeeren und Sauerkirschen, 200 g Zucker, 2 l Wasser, 150 g Speisestärke.

Zubereitung: Das Obst in kaltem Wasser waschen und abtropfen lassen, entstielen und entsteinen, Früchte mit Zucker und Wasser in einem Topf 10 Minuten kochen. Das Obst durch ein Sieb streichen, den Fruchtsaft noch einmal aufkochen.

Die Speisestärke mit kaltem Wasser in einem Becher verquirlen, in den Saft rühren und aufkochen lassen, mit Zucker abschmecken. Die Rote Grütze 10 Minuten abkühlen lassen und in eine mit kaltem Wasser ausgespülte Glasschüssel füllen, kalt stellen.

Die Rote Grütze mit Milch, Vanillesoße oder Sahne servieren.

Wenn die Rote Grütze gestürzt werden soll, kommen auf 1 l Fruchtsaft 90 g Speisestärke oder 120 g Sago oder Grieß.

Bremer Pinkelwurst

Zutaten: 250 g Nierenfett oder Speck, 250 g Hafergrütze, Zwiebeln, Pfeffer, Salz und Piment.

Zubereitung: Nierenfett oder Speck und Zwiebeln ganz fein hacken und mit Hafergrütze vermengen, mit Salz, Pfeffer und Piment kräftig würzen. Die Wurstmasse nicht zu fest in eine Wursthaut füllen, so dass die Pinkel beim Kochen noch quellen kann, und an beiden Seiten mit Zwirn oder Wurstklammern verschließen.

Großmutters Grünkohlrezepte

Wilder Meerkohl

Die Heimat desselben ist der Strand des Meeres; außerdem wird er nur in Treibhäusern und Mistbeeten gezogen. Die langen Auswüchse, welche den Rippen unseres Grünkohls gleichen, liefern das Gemüse. Man putzt den Meerkohl rein, bindet ihn wie Spargel zusammen, kocht denselben wie diese und serviert ihn mit einer dicklichen Buttersauce oder mit einer Spargelsauce.

Sprossen von grünem oder braunem Winterkohl

Nachdem dieselben verlesen und gewaschen, werden sie in Bündchen gebunden, in Wasser und Salz abgekocht und auf einen Durchschlag gelegt. Die Fäden werden alsdann mit der Schere durchgeschnitten und entfernt, die Bündchen auf einer heißen Schüssel abgerichtet, mit feingestoßenem Zwieback und Muskatnuss bestreut und eine saure Eiersauce dazu gereicht.

Rauchfleisch, Frikadellen, Bratwurst, gefüllte Kalbsbrust, Leber, Nierenschnitten, gebackene Eier, Rührei und Eierkuchen passen dazu.

Grüner oder brauner Kohl nach Bremer Art

Ersterer ist weniger stark und daher dem braunen vorzuziehen. Wenn der Kohl gefroren ist, wird hierzu nur das Herz mit den nächsten Herzblättern samt den Stängeln, so weit sie weich sind, genommen und gut gewaschen. Die übrigen Blätter können zu kurzem Kohl benutzt werden. Am besten ist es, wenn man den Kohl Abends vorher so weit vorbereitet und ihn Nachts wieder frieren lässt. In Gegenden, wo der Kohl starkschmeckend ist, was meist an der Sorte, meistens aber am Boden liegt, koche man ihn in reichlichem Wasser rasch 10 Minuten ab, weil das Starke dem Kohl bei aller Aufmerksamkeit den Wohlgeschmack benimmt. Dann wird etwas kochendes Wasser mit Gänsefett oder Schweineschmalz und Butter aufs Feuer gesetzt, der Kohl lagenweise hineingegeben, mit dem nöthigen Salz (nicht zu viel, denn Kohl wird sehr leicht versalzen), etwas Nelkenpfeffer, viel kleinen Zwiebeln, fest zugedeckt und langsam gekocht. Der Kohl muss zwar vollständig gahr, nicht aber zu weich sein, und darf nicht zerrührt werden. Fehlt

ihm die gewünschte Süße, so wird zeitig ein Stück Zucker dazu gethan und beim Anrichten die Brühe, welche kurz eingekocht sein muss, nöthigenfalls mit einer Kleinigkeit Kartoffelmehl oder Stärke gebunden gemacht. Langes Kochen macht den Kohl wohlschmeckender, es gehören wenigstens 2 Stunden dazu.

Man garniert ihn mit gedämpften Kastanien, welche man jedoch auch durchmischen oder in einem Schüsselchen dazu reichen kann. Die Kartoffeln werden gebraten.

Als Beilage: Gänsebraten, gefüllte Schweinsrippe, Schweinsbraten, Roastbeef, Round of Beef, Rauchfleisch, Bratwurst, Cotelettes von Schweinefleisch.

Anmerk.: In Bremen wird der Kohl meistens mit einer Pinkelwurst gekocht und die darin befindliche Grütze mit demselben gegessen, in anderen Gegenden wird der Kohl mit ganz fein gestoßener Hafergrütze lagenweis durchstreut, aufs Feuer gebracht, um ihn dadurch etwas geschmeidig zu machen.

· Wer Wurst - Brot und Schinken hat - der wird noch alle Tage satt ·

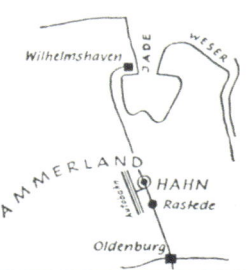

Das Ammerland ist bekannt für seine erstklassigen Wurstwaren

Kurzer Kohl

Hierzu werden alle nicht zu harten Blätter nebst den weichen Stielen benutzt, solche nach dem Waschen auf dem Hackbrett recht fein gestoßen und mit Gänsefett oder Schweinsfett, Zwiebeln und Salz und nicht zu kurzer Brühe, worin man anfangs etwas Hafergrütze streut, gahr gekocht. Auch kann man geräucherte Mettwurst oder Bauchspeck darin kochen.

Kastanien zu verschiedenem Gebrauch

Wünscht man die Kastanien zum Kohl anzuwenden, so entferne man mit einem Messer die äußere braune Schale, koche die Kastanien in kochendem Wasser so lange, bis man die braune Haut gleichwie die der Mandeln abziehen kann, und wasche sie mit kaltem Wasser. Alsdann lasse man sie in einem weißkochenden Töpfchen mit etwas Wasser, Butter und einem Stückchen Zucker, fest zugedeckt, in kurzer Brühe gahr schmoren. Die Kastanien werden alsdann weiß, weich und nicht bröckelig.

Man kann sie vor dem Anrichten durchmischen, oder, da nicht jeder sie liebt, in einem Schüsselchen dazu geben.

Grünkohl mal anders

Vegetarischer Grünkohl

Zutaten: gut 1,5 kg Grünkohl, 400 g Kartoffeln, 200 g Möhren, 100 g Zwiebeln, 100 g Butter, ¼ l Sahne, ¼ l Gemüsebrühe, 50 g geriebener Käse, 30 g Sonnenblumenkerne, 30 g Leinsamen, Vollmeersalz, Pfeffer aus der Mühle, Muskatnuss.

Zubereitung: Grünkohl entrippen, waschen, grob schneiden, in kochendem Wasser 10 Minuten blanchieren, abgießen. Kartoffeln und Möhren schälen und würfeln, Zwiebeln schälen und fein würfeln, in zerlassener Butter Zwiebelwürfel andünsten, Grünkohl zugeben, mit Gemüsebrühe 45 Minuten köcheln lassen. Sahne zufügen, weitere 15 Minuten köcheln, mit Salz, Pfeffer und Muskat abschmecken. Den Grünkohl in eine ovale Schüssel geben, Käse, Sonnenblumenkerne und Leinsamen mischen und über den Grünkohl geben.
Der Grünkohl kann in einer feuerfesten Form auch bei 200 °C 5 Minuten überbacken werden.

Grünkohlrohkost im Winter

Zutaten: 100 g Knollensellerie, 100 g Möhren, Crème fraîche, 1 Essl. Mayonnaise, 1 kleine Zwiebel, 150 g Grünkohl, etwas Kräutersalz und Essig.

Zubereitung: Den Sellerie waschen, in Stücke schneiden und dünn schälen. Die Möhren unter fließendem Wasser abbürsten, beides raspeln, Crème fraîche und Mayonnaise unter das Gemüse heben. Zwiebeln schälen und fein hacken, Grünkohl gründlich waschen, Mittelrippen entfernen und die Blätter sehr fein schneiden. Alles vermischen und mit Salz und Essig abschmecken.

Kohlsprossensalat im Frühling

Zutaten: 350 g abgestreifte Kohlsprossen (die ersten Frühlingstriebe der Grünkohlpflanze), für die Marinade: je 3 Essl. Joghurt, Apfelessig und Sonnenblumenöl, je ¼ Teel. Kräutersalz und gemahlener Kümmel, 2 Essl. feingeschnittener Schnittlauch.

Zubereitung: Die Kohlsprossen gründlich waschen und gut abtropfen lassen, Stielenden entfernen und die Blätter klein schneiden. Die Zutaten für die Marinade verrühren und unter die Kohlsprossen mischen.

Grünkohl-Eintopf

Zutaten: 1 kg Grünkohl, 250 g gestreifter (durchwachsener) Räucherspeck, 2 große Zwiebeln, 6–8 Kochwürste, Salz und Pfeffer.

Zubereitung: Die dicke Mittelrippe von den Kohlblättern entfernen, gründlich waschen und klein schneiden. Speck in kleine Würfel schneiden und in einem großen Topf anbraten, die klein geschnittenen Zwiebeln dazugeben und andünsten, den gehackten Grünkohl in den Topf geben und mit etwas heißem Wasser angießen, etwa 10 Minuten köcheln lassen. Dann die Kochwürste auf den Kohl legen und das Ganze im zugedeckten Topf gut eine Stunde auf kleiner Flamme köcheln lassen.

Ab und zu umrühren, damit der Kohl nicht ansetzt. Zum Schluss mit Salz und Pfeffer abschmecken.

Grünkohl Holsteiner Art

Zutaten: 500 g Kasseler, 300 g Schweinebacke, 300 g frischer Bauchspeck, 1 kg geputzter und klein geschnittener Grünkohl, 125 g durchwachsener Speck, 50 g Schweineschmalz, 2 abgezogene und klein gewürfelte Zwiebeln, Salz, Pfeffer, 2–3 Essl. Haferflocken, 4 Kochwürste, 2 kg kleine Pellkartoffeln, 50 g Butter, 2 Essl. Zucker.

Zubereitung: Kasseler, Schweinebacke und Bauchspeck waschen, in ca. 1 l Salzwasser aufkochen und ½ Stunde auf kleiner Flamme kochen lassen. Grünkohl waschen, in reichlich kochendem Wasser kurz blanchieren, abgießen und grob hacken. Speck im Schmalz auslassen, Zwiebelwürfel darin glasig dünsten, mit Salz und Pfeffer würzen und die Haferflocken unterrühren. Kasseler, Schweinebacke und Bauchspeck mit der Brühe zum Grünkohl geben, Kochwürste auf den Kohl legen und zugedeckt ca. 1½ Stunden kochen lassen.

Kartoffeln gar kochen und heiß pellen. Butter zerlassen und Zucker etwa 5 Minuten karamellisieren lassen, Kartoffeln hinzufügen und unter häufigem Schwenken braun braten. Die Kartoffeln erhalten rundherum eine süße Schicht. Den garen Grünkohl mit Gewürzen abschmecken und mit dem Fleisch und den karamellisierten Kartoffeln servieren.

Warum der Kohl nicht mehr mit der Hand gegessen wird – eine kleine Kulturgeschichte der Tischsitten

Vor tausend Jahren gab es zwar noch keine Kohlfahrten, aber hätte es sie gegeben, hätte man sich zum Essen um aufgebockte Bretter versammelt. Außer Schüsseln, in denen das Essen aufgetragen worden wäre, hätte es kein Geschirr, geschweige denn Besteck gegeben. Kohl und Pinkel wären per Hand in den Mund gewandert, und das Bier wäre in großen Krügen herumgereicht worden, von Mann zu Mann, denn Frauen waren an der Tafel nicht geduldet. Wenigstens brauchten die Frauen nach der Mahlzeit nicht lange abzuräumen und abzuwaschen, denn die Tafel wurde im wahrsten Sinne des Wortes aufgehoben und weggetragen. Dabei kann man unseren Vorfahren nicht einmal schlechte Manieren vorwerfen, denn überall in Europa wurde noch bis ins späte Mittelalter hinein so oder ähnlich gespeist.

Bis vor ungefähr 400 Jahren war der Gebrauch von Messer und Gabel als Essinstrumente eher die Ausnahme. Sogar bei Hofe wurde mehr oder weniger gepflegt mit den Fingern gegessen. Weder Königin Elisabeth I. noch ihre Gegenspielerin Maria Stuart benutzten Essbesteck, und sogar der französische Sonnenkönig Ludwig XIV. bevorzugte noch seine Finger bei Tisch. Dass »das Essen an sich keine sehr ästhetische Angelegenheit ist«, wie es in einem aktuellen Benimm-Ratgeber steht, wäre einer mittelalterlichen Tafelrunde nicht in den Sinn gekommen. Im Gegenteil: Man schob sich – egal wie – das Essen mit der Hand in den Mund, und dabei passierten schon einmal kleinere Unfälle, wie z.B. dem französischen Dichter Montaigne. Dieser habe, wie er schreibt, bei Hofe oft so hastig gegessen, dass er sich »manchmal aus lauter Eile in die Finger« biss. Montaigne beherrschte anscheinend nicht die Kunst, schicklich mit den Fingern zu speisen. Es ist nämlich äußerst schwierig, sein natürliches »Essbesteck« derart zu benutzen, dass man sich hinterher im Spiegel wiedererkennt. Wer es nicht glaubt, sollte mal versuchen, Linsensuppe mit den Fingern zu essen, ohne sich zu beschmutzen, wie es viele afrikanische Völker tun.

Gut ein Drittel der Menschheit beherrscht heute noch diese Kunst. Ein weiteres Drittel nimmt Stäbchen. Der Rest der Menschheit bewaffnet sich bei Tisch mit Messer, Gabel und Löffel und muss es sich gefallen lassen, von den übrigen zwei Dritteln seiner Artgenossen deswegen belächelt zu werden.

Der Löffel ist unser ältestes Esswerkzeug. Lange wurde er nur als Schöpfkelle benutzt. Erst um das 15. Jahrhundert herum setzte sich der Brauch durch, Speisen, vor allem Suppen, mit dem Löffel zum Mund zu führen. Wer einen Löffel besaß, pflegte und hütete ihn, denn so ein Esswerkzeug galt als besonders kostbar. Messer und Gabel gab es zwar bereits im frühen Mittelalter, jedoch nicht als Esshilfe. Das Messer und eine zweizinkige Gabel waren die Werkzeuge der Tranchierkünstler, die bei Tisch Geflügel und Wild, auf die Tranchiergabel gespießt, also freihändig, mit kunstvollen Schnitten zerteilten. Dieses Handwerk musste man mühsam erlernen. Es gab zahlreiche Bücher mit Tranchieranleitungen, in denen die Schnitte genau beschrieben wurden, mittels derer das Fleisch vor den Augen der hungrigen Gäste quasi als Showeinlage zerlegt werden musste. Ein Kapaun (gemästeter Hahn) wurde beispielsweise mit genau 18 Schnitten in einem akrobatisch anmutenden Akt zerteilt und dann den Gästen serviert.

Ungefähr seit dem 16. Jahrhundert durfte auch das Messer als Esswerkzeug benutzt werden, zunächst allerdings nur zum Aufspießen von Fleisch. Dass man Messer nicht in den Mund stecken sollte, wusste man damals wahrscheinlich besser als heute. Das relativ stumpfe Messer, wie wir es heute zum Essen benutzen, wäre im Mittelalter auf den Müll gewandert.

Verschiedene Löffel

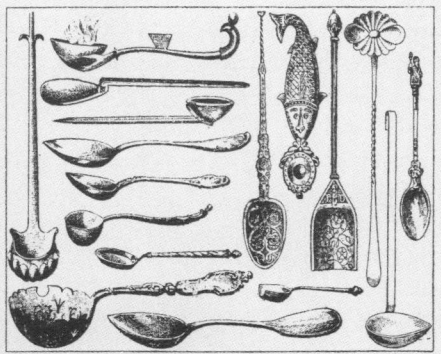

Die Gabel hatte es am schwersten, sich einen Platz neben dem Teller zu erkämpfen, schließlich hatte die riesige, zweizinkige Gabel des Mittelalters mehr Ähnlichkeit mit einem Spieß als mit einem Esswerkzeug. Im späten 16. Jahrhundert hatte sie es schließlich, in verkleinertem Maßstab, doch geschafft. Der richtige Gebrauch musste allerdings noch geübt werden. Eine erste Anweisung zur Benutzung der Gabel besagt, dass es unschicklich sei, sie als Zahnstocher zu benutzen.

Nicht nur das Essbesteck, auch der Teller war eine Erfindung des ausgehenden Mittelalters. Noch bis ins 15. Jahrhundert hinein war es üblich, seine »Spise« aus einem ausgehöhlten Brotkanten zu essen. Die »Teller« wurden nach der Hauptmahlzeit einfach mitgegessen. Bei Hofe wurden die Brotreste den Armen hingeworfen, die an den Eingängen darauf warteten, wenn man sie nicht fortjagte. In diesem Fall ließ man das Brot, wie Knochen übrigens auch, unter dem Tisch verschwinden, wo eine hungrige Hundemeute danach schnappte. Die ersten Teller, so wie wir sie kennen, waren aus Holz oder Zinn. In ärmeren Häusern schnitzte man einfach Mulden in den Tisch, in die das Essen eingefüllt wurde. Es hielt sich lange der Brauch, eine Brotscheibe auf den Teller zu legen, auf die dann die übrigen Speisen kamen.

Festmahl im 17. Jahrhundert

Erst im 18. Jahrhundert hatten die Finger als Essinstrumente völlig ausgedient, und es galt bis in die kleinste Bauernkate als schicklich, seine Mahlzeiten von einem Teller, mit Hilfe von Messer, Gabel und Löffel, zu sich zu nehmen.

Als Benimmregel kannten mittelalterliche Menschen eigentlich nur den Grundsatz, nicht mit vollem Munde zu trinken, um den Wein und das Bier von Fettaugen und Essensresten reinzuhalten. Meistens wurde nämlich gemeinsam aus einem Krug getrunken. Ansonsten waren die Menschen nicht gerade zimperlich, was im krassen Gegensatz zu den architektonischen Meisterwerken stand, die bei Hofe auf den Tisch kamen. Ganze Landschaften stellten Köche und Zuckerbäcker

Spezial: Warum der Kohl nicht mehr mit der Hand gegessen wird ...

193

zusammen mit Tischlern und Goldschmieden in tage- und wochen-
langer Arbeit mühsam her, um dann zusehen zu müssen, wie die
hohen Damen und Herren ihre Kunstwerke in kürzester Zeit gierig
zerfledderten.

Tischsitten, so wie wir sie heute kennen, kamen erst im 17. Jahrhundert
auf. In einem Benimm-Ratgeber aus dem Jahre 1624 heißt es, dass
es sehr unfein sei, beim Essen »ins Tyschthuch zu schnaubthen/zu
speyen/unn solch Speyen auf den Theller«. Man musste ebenfalls
mit Missbilligung rechnen, wenn man sich weiterhin mit derjenigen
Hand die Nase putzte, mit der man anschließend das Essen nahm, was
noch bis vor kurzem niemanden gestört hatte. Und wenn man sich
schneuzen musste, was anscheinend oft der Fall war, so sollte man dies
fürderhin doch bitte hinter sich tun und nicht mehr auf den Tisch.

Der barocke Adel tat sich allerdings schwer mit diesen Tischregeln.
Johann Jakob Christoffel von Grimmelshausen beschreibt 1668 ein
Festmahl bei Hofe in seinem »Abenteuerlichen Simplizissimus« folgen-
dermaßen: »Ich sahe einmal, daß diese Gäst die Trachten fraßen wie
die Säue, darauff soffen wie die Kühe, sich dabei stellten wie die Esel
und alle endlich kotzten wie die Gerberhund«. (Mit »Trachten« sind
hier natürlich keine Kleidungsstücke gemeint, sondern die kunstvoll
geschmückten und verzierten Speisen.)

Solche dekadenten Gelage hatten allerdings keine Zukunft. Tischsitten
wie: »Du sollst nicht gleichzeitig essen, trinken und reden, du sollst
den Ellenbogen nicht auf den Tisch stützen und du sollst deine Hände
weder im Tischtuch noch in der Kleidung abwischen« schlichen sich
in den Alltag. Vor allem das Bürgertum, das zunehmend an Einfluss
gewann, legte sich beim Essen strenge Benimmregeln auf. So wurden
Kinder generationenweise damit gequält, bei Tische gerade zu sitzen
und sich nicht anzulehnen. Solche kleinen »Lümmel« haben es heute
glücklicherweise ein wenig einfacher. Die Grundregeln gehören allerdings inzwischen zu unserer kulturellen Grundausstattung und jedes
Kind unseres Kulturkreises müht sich die ersten Lebensjahre damit ab,
diese Regeln zu erlernen.

Als Erwachsener darf man dann bei einem so genannten »Räuber-
Essen« alles gute Benehmen wieder fahren lassen, denn hier geht es
»immer mit die Finger bei das Fett, alles ohne Besteck«. So jedenfalls
werben neuerdings gutbürgerliche Traditionslokale kulturmüde Leute
zum neuzeitlich-mittelalterlichen Fressgelage.

Grünkohl festlich mit Kastanien und glasierten Kartoffeln

Zutaten: 1 kg kleine Kartoffeln, Salz, 2 kg frischer Grünkohl (oder 1 kg tiefgefrorener), 300 g Esskastanien (Maronen), 50 g Schweineschmalz, Salz, Pfeffer, 1 Prise Muskat, gut ½ l heiße Fleischbrühe aus Würfeln, 40 g Zucker, 30 g Butter.

Zubereitung: Kartoffeln waschen und in einem geschlossenen Topf 30 Minuten in Salzwasser kochen, abgießen und mit kaltem Wasser abschrecken, abpellen und kalt werden lassen.

Grünkohl abstreifen, waschen und klein hacken, Kastanien schälen und abziehen, vierteln. Schweineschmalz in einem Topf erhitzen, Grünkohl und Kastanien unter Rühren im Schmalz anschmoren, mit Salz, Pfeffer und Muskat würzen. Die heiße Fleischbrühe zugießen und etwa 1 Stunde kochen lassen.

Butter in einer großen Pfanne erhitzen, Pellkartoffeln ganz dazugeben, in 5 Minuten rundherum anbräunen, Zucker darüberstreuen, 10 Minuten karamellisieren lassen, indem man sie hin und wieder umrührt. Grünkohl mit Kastanien auf einer Platte anrichten, süße Kartoffeln drumherum verteilen.

Als Beilage kann man im Backofen gegarte Kasseler reichen.

Grünkohl dänisch in Sahnesoße

Zutaten: 2 kg frischer Grünkohl (oder 1 kg tiefgefrorener), 2 l Wasser, Salz. Für die Soße: 40 g Butter, 40 g Mehl, ¼ l heiße Fleischbrühe aus Würfeln, Salz, ½ Teel. frisch gemahlener schwarzer Pfeffer, 1 Prise Zucker, ¼ l Sahne.

Zubereitung: Grünkohl abstreifen, waschen und abtropfen lassen, im gesalzenen Wasser 1 Stunde gar kochen, abtropfen lassen, hacken. Für die Soße Butter in einem Topf erhitzen, Mehl unter Rühren hineingeben, die heiße Fleischbrühe hinzugießen, 5 Minuten unter Rühren kochen lassen.

Grünkohl in die Soße geben, mit Salz, Pfeffer und Zucker abschmecken, vom Herd nehmen und die Sahne dazugeben.

Als Beilage kann man Frikadellen und Kartoffelpüree reichen.

Getränke vor und nach dem Kohl

Glühwein

Zutaten: 1 l Rotwein, 150 g Zucker, 1 Stück Zimt, 3 Nelkenköpfe, Zitronenschale.

Zubereitung: Rotwein mit Zucker, Zimt, Nelken und Zitronenschale erhitzen, aber nicht kochen lassen! Durchsieben und servieren, eventuell die Gläser mit je einem Stückchen Zitronenschale garnieren.

Man kann den Glühwein auch mit Zimt, Muskatnuss und einem halben Lorbeerblatt würzen, wie es die Franzosen tun.

Früchtepunsch ohne Prozente

Zutaten: 8 Aufgussbeutel Früchtetee, 2 Orangen, 2 Äpfel, 3 Essl. Rosinen (mag nicht jeder, kann auch weggelassen werden), 1 l Kirschsaft oder roter Traubensaft, 4 Aufgussbeutel Glühwein-Gewürzmischung, je 4 Essl. Honig und Zucker.

Zubereitung: Teebeutel mit 4 l kochendem Wasser übergießen, 5 Minuten ziehen lassen. Obst schälen und klein schneiden, mit den Orangen mischen, Rosinen im Sieb waschen und untermischen. Fruchtsaft mit Tee, Obst, Rosinen und Glühwein-Gewürzbeuteln erhitzen, die Beutel entfernen und mit Honig und Zucker süßen.

Wie man den Kater verjagt

Grünkohl soll ja angeblich ein gutes Mittel sein, um den Kater zu verscheuchen, aber leider hält er dieses scheußliche Tier nicht davon ab, sich erst mal nach einer zünftigen Kohlpartie in den Schädel zu schleichen. Da es dem zeitgenössischen Kohlgänger nicht zuzumuten ist, am Morgen danach rohe Kohlblätter zu kauen, wie es die alten Griechen taten, oder nach altrömischem Rezept ein Grünkohl-Salpeter-Gemisch zu schlürfen, müssen wir zu zuträglicheren Mitteln greifen.

Mutters Hausapotheke hält gegen die »Nie-wieder-Krankheit« in Essig eingelegten Hering bereit. Es kostet allerdings einiges an Überwindung, dem malträtierten Gedärm sauren Fisch zuzuführen. Ratsamer ist es dagegen, zunächst den »Brand« zu löschen, den der Kater entfacht hat. Der Durst nach einer durchzechten Nacht kommt nämlich daher, dass Alkohol dem Körper Wasser entzieht und den Blutzuckerspiegel empfindlich senkt. Man sollte den Kater also schlichtweg ertränken.

Am besten eignet sich für diesen Zweck Mineralwasser. Aber auch schwarzer Tee, frischer Fruchtsaft oder Buttermilch verabscheut das kratzbürstige Tier. Man sollte daher nach dem Erwachen und einer angemessenen Zeit der Reue zunächst reichlich von den oben genannten Flüssigkeiten zu sich nehmen, und wenn die Beine wieder tragen, einen Spaziergang an der frischen Luft machen.

Auf keinen Fall sollte man der Erinnerung an den vorangegangenen Abend mit einem neuen Gläschen auf die Sprünge helfen. Das Rezept »womit man aufhört, damit soll man den Tag wieder beginnen« ist eher etwas für handfeste Trinker, denn der Alkoholspiegel schaukelt sich schnell wieder hoch und dem Körper wird keine Erholungspause gegönnt. Am besten setzt man sich nun still in eine Ecke, überhört den Spott der Nichtbeteiligten und wartet auf den Moment, in dem es dem Kater bei uns zu langweilig wird.

Stellt sich langsam der Hunger wieder ein, sollte man es zunächst mit einer nicht zu fetten Fleischbrühe versuchen. Süßes Obst ist ebenfalls hilfreich, denn es bringt den Zuckerhaushalt des Körpers wieder ins Lot. Erfahrene schwören dagegen auf frisches Sauerkraut oder mit Zitronensaft beträufelte Avocados. Katerkenner wie Dean Martin bevorzugten gegen den »Hangover« einen Bananen-Milch-Shake. Der französische Chansonier Gilbert Bécaud hatte dagegen folgendes abenteuerliches Rezept parat:

½ kg Brennnesseln in Butter kurz andünsten, mit Salz und Pfeffer würzen, mit Milch aufkochen, etwas Hühnerbrühe dazugießen und Kartoffelpüree untermischen.

Feinschmecker empfehlen zur Regeneration ihres Verdauungsapparates einen Selleriesalat, über den schwarze Trüffel gehobelt werden. Und schwarze Trüffel hat sicher jeder verkaterte Kohlgänger am nächsten Morgen in seinem Kühlschrank parat – oder?

Ebenso verhält es sich mit Austern, wobei die heimische Felsenauster mit Namen »Sylter Royal« wegen ihres kräftigeren Geschmacks besser wirken soll als die flachschaligen »Belons«. Aber man muss wohl ein echter Gourmet sein, um mit einer pelzigen Katerzunge den feinen Geschmacksunterschied schlüpfriger Austern zu erschmecken.

Ein gutes Maß an Überwindung kostet der Genuss eines Salates von Schweinebacken samt Rüssel, der ein todsicheres Mittel gegen den Kater sein soll:

Schweinebacken und Rüssel in einem Gemüsesud eine Stunde lang weich kochen und abkühlen lassen, Backen und Rüssel in Streifen schneiden und in einer Schüssel anrichten. Für die Salatsoße nimmt man Olivenöl, das mit Senf und etwas Sherry-Essig glattgerührt wird, die Vinaigrette mit Salz, Pfeffer und einer Prise Zucker würzen. Eine Tomate wird gehäutet, in Butter kurz angebraten und in Würfel geschnitten. Die Tomate wird nun zusammen mit der Salatsoße über das lauwarme Fleisch gegeben und mit einem gekochten und gehackten Ei sowie frischen Kräutern garniert.

Es erscheint zweckmäßig, die Schweinebacke und den Rüssel einen Tag vorher vorzubereiten.

Ein weiteres hundertprozentiges Rezept gegen den »dicken Kopf« soll Sauerkrautsuppe sein:

1½ kg klein geschnittenes Sauerkraut wird in 1 l Fleischbrühe gegeben und mit Pfeffer, Salz, Kümmel und Wacholderbeeren kräftig gewürzt.

Man kann dem Kater auch schon die Krallen zeigen, bevor er es sich bei uns gemütlich macht, indem man vor dem Schlafengehen ½ l stilles Mineralwasser trinkt. Und das beste Mittel ist und bleibt – man verzeihe mir den zuckenden Zeigefinger – das Maßhalten. Das Bier und das Schnäpschen richtig zu genießen, ist eine Kunst, die uns leider oft abhanden kommt. Auf jeden Fall hat Genuss nichts mit »Reinschütten« zu tun. Und man sollte dem Genuss den Vorzug geben, indem man Alkohol weder gegen noch über den Durst trinkt. Gegen Durst hilft nämlich am besten Mineralwasser.

Das Bier, der Schnaps oder sonstige geisthaltige Getränke sollten nicht auf einen leeren Magen treffen. Eine gute Unterlage hilft gegen den schnellen Rausch. Bewährt hat sich hier ein nicht zu mageres Thunfischbrötchen vor Antritt der Kohltour oder sonstiger feuchter Feste. Wer allzu hastig trinkt, bekommt vom Abend wahrscheinlich auch nicht viel mit, denn der Alkohol - schnell geschluckt - gelangt eher ins Blut, als wenn er »genippt« wird.

Zu guter Letzt sollte man sich auch in einer fröhlichen Runde nicht zum Schnäpschen verleiten lassen, wenn man nicht will. Das »Ach, einen kannste doch noch ...« ist wirklich nicht sehr gemütlich, denn es setzt diejenigen, die weniger trinken wollen, unter den ständigen Stress, »Nein« sagen zu müssen.

Wenn der Kater trotz aller guten Vorsätze am nächsten Morgen doch kräftig miaut, dann sollten allerdings Nichtbeteiligte ihre guten Ratschläge für sich behalten, denn die helfen nun am allerwenigsten. Und wenn keines der hier aufgeführten Mittel und Rezepte wirken sollte, trösten Sie sich mit Kurt Tucholsky, der meinte, dass das Schönste an einem Rausch der Augenblick ist, »in dem er anfängt, und die Erinnerung an ihn«.

Literatur

Richard Ahlrichs: Grünkohl, Pinkel und Rippespeer, Aurich 1982

Georg Blikslager: Der Ostfriese in seinen Sprichwörtern und Redensarten, Emden 1910

Roberto Bosi: I Destillati, Edle Brände, München 1995

V. Carazza, R. Daimler u.a.: Kursbuch Gesundheit, Köln 1990

Ingrid Cording: Benehmen bei Tisch, Niedernhausen/Ts. 1988

Die besten Rezepte aus Norddeutschland, Bielefeld 1983

Jan van Dieken: Pflanzen im ostfriesischen Volksglauben und Brauchtum, Aurich 1971

Dieter Drahtschmidt: Fast alles über Kohlfahrten in Bremen und umzu, Bremen 1991

Prof. Dr. I. Elmadfa u.a.: Die große GU Nährwert Tabelle, München 1992

Ernst Friedrich: Bier, Künzelsau 1993

Fink, Rückert, Schur, Vorholz: Körner oder Keule, aus: Die ZEIT vom 14. Juni 1996

Ingrid Früchtel: Das vegetarische Kochbuch, München 1986

Roland Gööck: Das große Buch der Spiele, Hamburg 1970

Hermann Gutmann: Bremer Bräuche, Bremen 1984

Hermann Gutmann: Kohl-und-Pinkelgeschichten, Bremen 2004

Jürgen Krönig: Der Mensch, ein Wolf, aus: Die ZEIT vom 14. Juni 1996

Johann Georg Krünitz: Oekonomisch-technologische Encyklopädie, Zwey und Vierzigster Theil, Von Koa bis Kohl, Berlin 1788

Helge Kujas: Klootschießen, Boßeln, Schleuderball, Oldenburg 1994

meine Familie und ich, Heft 2, 1992

Menü, Das große moderne Kochlexikon, Bde. 4, 7, 8, Hamburg

Massimo Montanari: Der Hunger und der Überfluß, München 1993

Nationalgericht Grünkohl, Oldenburg 1995

Josef Pischl: Schnapsbrennen, Graz 1957

H. Poppe, H. Wichmann: Neues Dötlinger Dorfbuch, Oldenburg 1979

A. Rippenhausen, K. Nagel: Deutsche Gasthöfe, Münster 1979

Waverley Root: Das Mundbuch, Frankfurt a.M. 1995

Harry Schraemli: Von Lukullus zu Escoffier, Bielefeld

Gunter Steinbach (Hrsg.): Beeren, Wildgemüse, Heilkräuter, München 1982

Martin Westphal: Kohl- und Pinkelfahrten, Münster 1988

Ursula Winnington: Mein Leib- und Magenbuch, Berlin 1992

Hilfreiche Internet-Adressen

www.kohlfahrten.de

Umfassendes Online-Magazin rund um Kohl- und Boßelfahrten. Mit Rezepten, Hintergrundinformationen, Terminen von öffentlichen Kohlfahrten und einem Gaststättenverzeichnis.

www.kohlfahrt.de

Allgemeines zu Kohlfahrten neben privaten Fotos.

Lust auf kulinarische Ausflüge?

Bremen kocht
ISBN 3-86108-633-6
17.90 €

Von Aalfrikassee bis Heißwecken:
Traditionelle und zeitgenössische Rezepte
der Region

Die beliebten Kochrezepte
von Heinz Holtgrefe für Ihre Küche!

Das Beste aus
Pott un Pann
ISBN 3-86108-676-X
9.90 €

Das Neueste aus Pott un Pann
ISBN 3-86108-680-8
9.90 €

Reise- und Lesebücher

Im Land der Moore und
Deiche – Ausflüge links und
rechts der Weser
ISBN 3-86108-466-X
17.90 €

Grenzenlos an Deich und
Dollart – Das Reise- und
Lesebuch für die Ems-Dollart-
Region
ISBN 3-86108-903-3
16.90 €

Bremen – Das Reise- und
Lesebuch
ISBN 3-86108-496-1
14.90 €

Helgoland – Das Reise- und
Lesebuch
ISBN 3-86108-490-2
15.90 €

Lesestoff für Neugierige und praktische Informationen:
Reise- und Lesebücher der EDITION TEMMEN

Hermann Gutmann in der EDITION TEMMEN

NEU

Das Große Hermann Gutmann-Buch

mit 89 teilweise farbigen Illustrationen von Peter Fischer
27x22 cm, Hardcover
24.90 €
ISBN 3-86108-174-1

Seine besten Geschichten in einem Band

Schmunzellektüre für Kohlfahrer

NEU

Kohl- und Pinkelgeschichten

124 Seiten,
20x11,5 cm, Hardcover
9.90 €
ISBN 3-86108-175-X

Noch mehr »Gutmann« zum Selbstlesen und Verschenken!

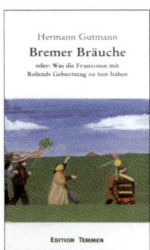

Bremer Bräuche
ISBN 3-86108-156-3
7.90 €

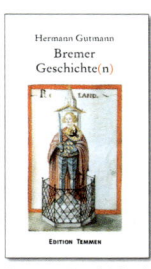

Bremer Geschichte(n)
ISBN 3-86108-158-X
8.90 €

Bremerhavener Geschichte(n)
ISBN 3-86108-157-1
7.90 €

Ehe-Geschichten
ISBN 3-86108-152-0
8.90 €

Geschichten aus dem Schnoor
ISBN 3-86108-161-X
8.90 €

Hat's geschmeckt
ISBN 3-86108-153-9
8.90 €

Mit vollem Munde spricht man nicht
ISBN 3-86108-151-2
8.90 €

Paß' auf, daß du dich nicht bekleckerst
ISBN 3-86108-160-1
8.90 €

Schmunzelgeschichten
ISBN 3-86108-165-2
8.90 €

Worpsweder Geschichte(n)
ISBN 3-86108-169-5
9.90 €

Bibliografische Information Der Deutschen Bibliothek

Die Deutsche Bibliothek verzeichnet diese Publikation in der Deutschen Nationalbibliografie; detaillierte bibliografische Daten sind im Internet über *http://dnb.ddb.de* abrufbar.

3., vollständig überarbeitete und aktualisierte Auflage 2005

Redaktion: Helmut Weiss

Bildnachweis:
Ammerländer Landschlachterei Thade Popken und Scheuten: 186, Familie Bergt: 38, 40, 41, 181; Dampfkornbranntweinbrennerei Wildeshausen: 162, 163; Peter Decu: 39, 40, 41, 103, 105, 108/109, 114, 115, 133; DHEF: 165; Heimatverein Dötlingen: 154, 155; Peter Fischer: 15; Freilichtmuseum Vielstedter Bauernhaus: 157, 160; Jürgen Nogai: 20, 32, 33; Jochen Mönch: 1, 3, 6, 7m, u, 8/9, 50, 51, 52/53, 57, 69, 73, 85, 94, 95, 97, 99, 123, 178/179, 198; Thorsten Krüger: 4/5, 16/17, 25, 28/29, 36/37, 43, 44/45, 62/63, 70/71, 76/77, 82/83, 82/93, 100/101, 120/121, 128/129, 134/135, 138, 142/143, 144/145, 146, 152/153, 158/159, 166/167, 196/197; Stadt Oldenburg: 34, 37; Osterholzer Anzeiger: 173; Elke Schick: 90, 91; Ulrich Perrey: 204/205; Martin Rospek: 47, 81, 89, 98, 102, 106, 117, 119, Edition Utkiek: 169, 174, 177; Verlagsarchiv: 7o, 8, 12, 13, 14, 18, 19, 21, 22, 23, 24, 26, 27, 30, 31, 34, 42, 46, 48, 49, 50u, 54, 55, 56, 58, 59, 60, 61, 64, 65, 66, 67, 68, 72, 74, 75, 78, 79, 80, 84, 86, 87, 88, 96, 97u, 104, 107, 110, 111, 112, 113, 116, 118, 122, 123o, 124, 125, 126, 127, 130, 131, 132, 136, 137, 139, 140, 141, 147, 148, 149, 150, 151, 156, 161, 164, 168, 170, 171, 172, 175, 176, 180, 182,183, 184, 185, 187, 188/189, 190, 191, 192, 193, 194, 198u, 199, 200, 201, 202, 203

© EDITION TEMMEN
Hohenlohestr. 21 – 28209 Bremen
Tel. 0421-34843-0 – Fax 0421-348094
info@edition-temmen.de
www.edition-temmen.de

Alle Rechte vorbehalten
Gesamtherstellung: EDITION TEMMEN

ISBN 3-86108-299-3

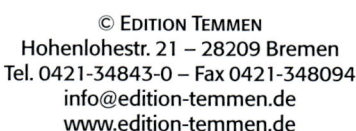